CE2

Jeanine Guion, orthophoniste
Jean Guion, docteur ès sciences de l'éducation

ORTH

Apprendre l'orthographe

HATIER

Illustrations : Marc Goubier

Conception graphique : Frédéric Jely

Mise en page : atelier JMH

Couverture : Sandra Chamaret

Édition : Évelyne Brossier

ISBN : 978-2-218-93015-7

ORTH CE2

Cet ouvrage contient plus de 300 exercices correspondant aux notions d'orthographe que les élèves de la classe de CE2 doivent connaître pour acquérir des bases solides en orthographe.

Il comprend trois grandes parties :

Observation

Dix fiches d'exercices sont destinées, en début d'année, à habituer l'élève à **observer** mots et phrases, à **réfléchir** sur la langue française et à **utiliser l'ordre alphabétique**, convention nécessaire pour l'emploi des dictionnaires.

Règles d'orthographe *(liste pages 6-7)*

Elles couvrent les grands domaines de l'orthographe :
- les notions grammaticales de base ;
- l'orthographe d'usage ;
- les homophones grammaticaux (a/à, son/sont, ce/se...) ;
- les accords en genre et en nombre ;
- les formes verbales, avec en particulier la conjugaison des verbes fondamentaux.

Révision

Dix fiches d'**exercices variés** aident à fixer ce qui a été appris. Elles sont suivies de **dictées** avec des renvois aux règles pour faciliter les révisions.

En plus de ces trois parties, ce livre contient :

■ **les mots à savoir écrire** sans hésitation à la fin du CE2, choisis en fonction de leur fréquence dans la langue et de leur difficulté d'apprentissage. Ils figurent prioritairement dans les exercices et sont présentés par petits groupes en fin de leçon pour être appris **par cœur** : PAR ❤ ;

■ **deux tests** d'évaluation pour connaître le niveau des enfants en début d'année scolaire et faire le bilan des notions acquises en fin d'année.

Conseils d'utilisation

Les tableaux des règles

L'élève doit **observer attentivement** le tableau de la règle avant de faire un exercice. Il doit ensuite apprendre à **exprimer ce qu'il comprend**. La rubrique ***Retiens***, sous le tableau visuel, propose une formulation de la règle. Cette formulation peut également être élaborée en classe avec l'enseignant et devenir l'occasion d'un travail collectif de réflexion grammaticale.

Les exercices

Quand il s'agit d'exercices à trous, l'élève doit répondre en écrivant ce qui permet de comprendre la bonne réponse. Il prend ainsi l'habitude de **sélectionner les informations utiles** qui expliquent les marques orthographiques.

L'évaluation

• Tous les exercices sont prévus pour pouvoir être facilement notés sur 5 ou sur 10, ce qui rend possible une évaluation suivie des résultats. On estime qu'un élève réussit un exercice systématique lorsqu'il a au moins 8 ou 9 réponses justes sur 10.
• Certains exercices sont corrigés en fin d'ouvrage pour rendre possible l'autocorrection, si l'enseignant le souhaite. Tous sont corrigés sur le site Internet **www.orth-hatier.com**. Pour une évaluation plus fiable, les deux tests ne sont pas corrigés dans le livre.
• Les exercices plus difficiles sont signalés par un petit triangle : ▶.

La progression

ORTH est d'un emploi très souple. L'enseignant peut définir l'ordre d'étude des règles selon les lacunes de ses élèves ou en fonction de sa progression pédagogique.

Exemple de progression, établie en fonction de la difficulté d'apprentissage des notions d'orthographe :

R1 - R2 - R51 - R3 - R4 - R5 - R6 - R52 - R7 - R8 - R28 - R41 - R53 - R9 - R10 - R29 - R42 - R54 - R11 - R55 - R12 - R30 - R43 - R56 - R13 - R31 - R44 - R57 - R14 - R32 - R15 - R58 - R16 - R33 - R45 - R59 - R17 - R18 - R34 - R60 - R19 - R46 - R61 - R20 - R35 - R62 - R47 - R21 - R63 - R22 - R36 - R64 - R23 - R37 - R65 - R66 - R24 - R48 - R25 - R38 - R67 - R26 - R68 - R27 - R39 - R69 - R70 - R49 - R71 - R40 - R50 - R72.

Présentation d'une règle

• **Tableau de la règle** avec des exemples simples. La présentation visuelle aide à bien comprendre la notion étudiée et à la retenir.

• **Leçon étudiée.**

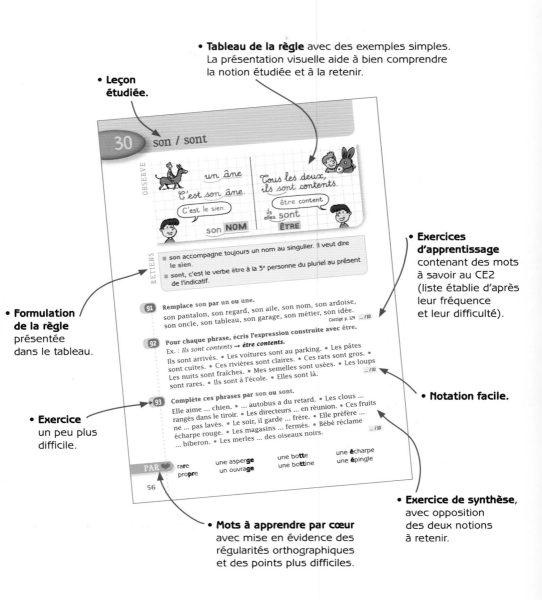

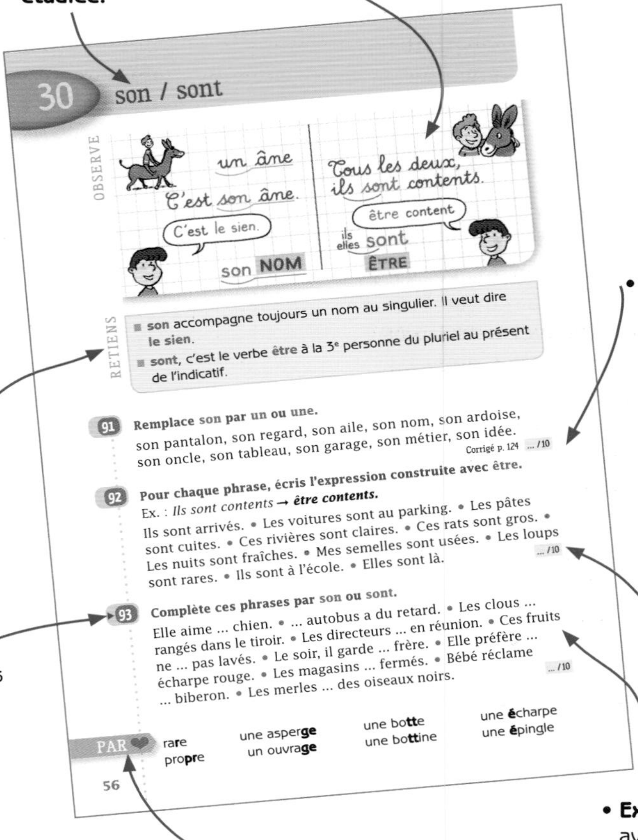

30 son / sont

OBSERVE

un âne

C'est son âne.

C'est le sien.

son NOM

Tous les deux, ils sont contents.

être content

ils elles sont

ÊTRE

RETIENS

- **son** accompagne toujours un nom au singulier. Il veut dire **le sien**.
- **sont**, c'est le verbe **être** à la 3ᵉ personne du pluriel au présent de l'indicatif.

91 **Remplace son par un ou une.**
son pantalon, son regard, son aile, son nom, son ardoise, son oncle, son tableau, son garage, son métier, son idée.
Corrigé p. 124 ... /10

92 **Pour chaque phrase, écris l'expression construite avec être.**
Ex. : *Ils sont contents* → ***être contents.***
Ils sont arrivés. • Les voitures sont au parking. • Les pâtes sont cuites. • Ces rivières sont claires. • Ces rats sont gros. • Les nuits sont fraîches. • Mes semelles sont usées. • Les loups sont rares. • Ils sont à l'école. • Elles sont là.
... /10

93 **Complète ces phrases par son ou sont.**
Elle aime ... chien. • ... autobus a du retard. • Les clous ... rangés dans le tiroir. • Les directeurs ... en réunion. • Ces fruits ne ... pas lavés. • Le soir, il garde ... frère. • Elle préfère ... écharpe rouge. • Les magasins ... fermés. • Bébé réclame ... biberon. • Les merles ... des oiseaux noirs.
... /10

PAR ❤ rare, propre, une asperge, un ouvrage, une botte, une bottine, une écharpe, une épingle

56

• **Exercices d'apprentissage** contenant des mots à savoir au CE2 (liste établie d'après leur fréquence et leur difficulté).

• **Formulation de la règle** présentée dans le tableau.

• **Notation facile.**

• **Exercice** un peu plus difficile.

• **Exercice de synthèse**, avec opposition des deux notions à retenir.

• **Mots à apprendre par cœur** avec mise en évidence des régularités orthographiques et des points plus difficiles.

Liste des règles

pages

Notions de base

Orthographe d'usage

Homophones grammaticaux

Accords en genre et en nombre

Formes verbales

Test de départ

Ce test correspond à des règles d'orthographe qui sont au programme de CE2. Il peut être passé en deux fois.

Réponds sans regarder dans le livre.

1 **Écris ces noms au pluriel.**
une roue : des ...... un animal : des ......

2 **Complète ces noms par on ou par om.**
un n...bre une r...de

3 **Complète la phrase par et ou est.**
Thomas aime la lecture ... le calcul.

4 **Que manque-t-il : ail, eil, aille ou eille ?**
une or... un trav...

5 **Complète les mots par s ou ss.**
Son voi...in a un ba...in avec des poi...ons.

6 **Accorde en ajoutant e, es ou ent.**
Le premier coureur arriv... . Tous les gens applaudiss... .

7 **Copie cette phrase en séparant les mots.**
Ellemadonnéunabricot. ....

8 **Écris à la 3e personne du singulier du présent de l'indicatif.**
écouter : en ce moment, il ...... *écrire :* en ce moment, il ......

9 **Choisis entre a et à pour compléter.**
L'enfant ... trouvé la cachette.

10 **Complète ces mots par g, gu ou ge.**
un ma...asin un pi...on

11 **Conjugue avoir une belle classe et être contents au présent de l'indicatif, 1re personne du pluriel.**
Cette année, nous .... et nous ....

12 **Choisis entre on et ont pour compléter.**
Tous les appartements ... un balcon.

13 **Écris les verbes entre parenthèses à l'imparfait de l'indicatif.**
L'an passé, elle *(venir)* .... souvent le jeudi
et elle *(manger)* .... avec nous.

14 **Les accents sur certains e ont été enlevés. Remets-les.**
Le lievre s'est cache dans les hautes herbes du pre.

15 **Accorde les adjectifs.**
Le clown portait une chemise vert... avec des étoiles doré... .

16 **Il manque une lettre muette à ces mots. Ajoute-la.**
C'est un élève curieu... et bavar... .

17 **Écris cette phrase en mettant le verbe au passé composé.**
Il demande son chemin. Hier, il ....

18 **Accorde le participe passé.**
Les bureaux sont fermé... le samedi.

19 **Choisis entre ce et se pour compléter.**
L'âne ... détacha et ... sauva.

20 **Écris les verbes entre parenthèses au futur.**
Demain, nous *(aller)* .... chez ma tante
et je *(dormir)* .... sur le canapé.

(1 point par question entièrement réussie). ... / 20

Entoure les numéros des questions où tu as fait des erreurs.
À côté, il y a les numéros des règles que tu as besoin d'apprendre.

(1) R41 R42	(6) R47	(11) R54	(16) R23
(2) R10	(7) R4	(12) R38	(17) R67
(3) R28	(8) R56 R57	(13) R61 R62	(18) R48
(4) R8	(9) R29	(14) R16 R17	(19) R34
(5) R12	(10) R13 R14	(15) R46	(20) R63 R64

Observation de la langue

Avant de commencer l'étude des règles d'orthographe, il est indispensable de savoir utiliser l'ordre alphabétique, en particulier pour se servir d'un dictionnaire. Il est aussi nécessaire d'apprendre à bien observer la langue écrite.

Les dix fiches qui suivent répondent à ces critères. Elles sont présentées de la plus facile à la plus difficile.

Certaines sont corrigées en fin d'ouvrage pour permettre l'autocorrection. Les autres peuvent être utilisées pour des exercices classiques ou des contrôles.

Chaque fiche est prévue avec vingt réponses pour pouvoir être notée facilement.

1 Fiche d'observation

alphabet

	voyelles	consonnes →				
début	**a**	b	c	d		
	e	f	g	h		
milieu	**i**	j	k	l	m	n
	o	p	q	r	s	t
fin	**u**	v	w	x		
	y	z				

1 Dans l'alphabet, compte :

- le nombre de lettres : ...
- le nombre de voyelles : ...
- le nombre de consonnes : ...

2 Observe l'alphabet.

- Écris la 1re lettre : ...
- Écris la 2e lettre : ...
- Écris la dernière lettre : ...

3 Est-ce vrai ou faux ?

1. **b** est au début de l'alphabet.
2. **m** est au milieu de l'alphabet.
3. **o** est à la fin de l'alphabet.
4. **e** est après **b**.
5. **i** est après **l**.
6. **h** est avant **f**.
7. **n** est avant **o**.

4 Dans l'ordre de l'alphabet, écris le mot maison à la bonne place. Aide-toi de la première lettre de chaque mot.

Ex. : *...... jaune ...... radis ......* → ***j**aune* *maison* ***r**adis.*

- ...... bus ...... train ......
- ...... fenêtre ...... image ......
- ...... porte ...... savoir ......

5 Voici quatre groupes de trois mots. Range-les chaque fois dans l'ordre de l'alphabet.

- machine – bras – force.
- vent – orage – montagne.
- papillon – violette – surprise.
- oiseau – semaine – route.

Corrigés p. 122 ... / 20

2 Fiche d'observation

ALPHABET

A	B	C	D		
E	F	G	H		
I	J	K	L	M	N
O	P	Q	R	S	T
U	V	W	X		
Y	Z				

6 **Est-ce vrai ou faux ?**

Ex. : ***C** est entre **B** et **D** : vrai.*

1. **J** est entre **G** et **H**.
2. **M** est entre **L** et **N**.
3. **E** est entre **D** et **F**.
4. **U** est entre **P** et **S**.
5. **O** est entre **N** et **P**.

7 **Observe l'alphabet, puis écris :**

- la troisième lettre.
- la cinquième lettre.
- la dixième lettre.
- la treizième lettre.
- l'avant-dernière lettre.

8 **Trouve les cinq ronds bleus qui ont deux lettres différentes.**

1. a A
2. f E
3. t T
4. h H
5. m N
6. r R
7. c G
8. b D
9. i J
10. l L

9 **Voici des groupes de noms de villes. Écris-les chaque fois dans l'ordre alphabétique.**

- Paris – Lyon – Marseille.
- Nice – Grenoble – Lille.
- Bordeaux – Dijon – Nantes.
- Valence – Nancy – Pau.
- Toulouse – Strasbourg – Rennes.

Corrigés p. 122 ... / 20

3 Fiche d'observation

Alphabet

A B C D
E F G H
I J K L M N
O P Q R S T
U V W X
Y Z

10 **Est-ce toujours la même lettre ?
Réponds par oui ou non.**

1. r r R R
2. F t T t
3. i I I i
4. D b D d
5. S s s S
6. V v V u
7. a A A a
8. G g G g

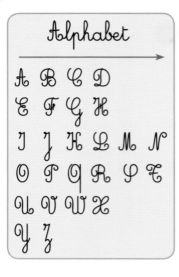

11 **Voici des groupes de trois prénoms.
Range-les dans l'ordre alphabétique.**

- Marlène, David, Akim
- Laure, Hervé, Isabelle
- Philippe, Samia, Régine

12 **Voici un alphabet écrit avec différentes écritures.
Il manque quatre lettres. Lesquelles ?**

A B c d e F g H j k l
n O P q r S t v w Y z

13 **Enlève cinq mots et tous les autres seront rangés dans l'ordre alphabétique.**

ami – bonbon – plage – enfant – gros – image – sage – jupe – lait – chapeau – porte – rose – triste – mouche – usine – valise – fenêtre – zoo.

... / 20

4 Fiche d'observation

Comment ranger les mots par ordre alphabétique

- Regarde la 1re lettre :

  1. **a**..............
  2. **b**..............

- Si la 1re lettre est la même, regarde la 2e lettre :

  1. a**b**ricot
  2. a**d**roit

- Si les lettres du début sont les mêmes, cherche la 1re lettre qui change :

  1. an**g**e
  2. an**i**mal

  1. auto**b**us
  2. auto**c**ar

14 **Dans chaque cadre, les mots sont-ils rangés dans l'ordre alphabétique ? Réponds par oui ou non.**

1.	1. ardoise 2. bureau	**4.**	1. pondre 2. œuf
2.	1. magasin 2. bazar	**5.**	1. école 2. domino
3.	1. lièvre 2. tortue	**6.**	1. renard 2. singe

15 **Sur chaque ligne, écris le mot bouquet à la bonne place, dans l'ordre alphabétique.**

- ... grenouille ...
- ... bras ...
- ... balcon ...
- ... botte ...
- ... boulanger ...
- ... boutique ...

16 **Voici trois listes de mots. Écris-les chaque fois dans l'ordre alphabétique.**

- abeille – arbre – aviateur – animal – aller.
- minute – merci – moteur – mars – moment.
- rosée – roulette – rond – roue – rondelle.

17 **Le robot n'a pas su réciter l'alphabet. Enlève les lettres qu'il a mises en trop.**

a b c d i e f c g h i j k l m n

n o p t q r s t u v l w x y z

... / 20

5 Fiche d'observation

18 **Quand tu utilises un dictionnaire, où cherches-tu les mots qui correspondent aux dessins ? Écris ces mots.**

Ex. : *Tu ne trouves pas à **f**.*
*Tu cherches à **ph**.*
*Tu trouves le mot **phare**.*

1. Tu ne trouves pas à **j**.
Tu cherches à … .
Tu trouves le mot … .

2. Tu ne trouves pas à **o**.
Tu cherches à … .
Tu trouves le mot … .

3. Tu ne trouves pas à **s**.
Tu cherches à … .
Tu trouves le mot … .

4. Tu ne trouves pas à **u**.
Tu cherches à … .
Tu trouves le mot … .

5. Tu ne trouves pas à **é**.
Tu cherches à … .
Tu trouves le mot … .

19 **Dans chaque mot, il y a une syllabe de trop. Corrige les erreurs.**

la limolinade – une locomocotive – une malamadie
un canapépé – du chocochollat – la contufiture.

20 **Le robot écrit n'importe quoi ! Remets les lettres dans l'ordre pour retrouver les mots qu'il voulait écrire.**

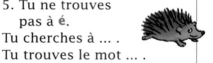

l t i

b n n o o b

r a e b r

t u d é e

u a g e n

21 **Dans quels mots retrouves-tu ces syllabes ?**

ver → avertir durer vernir livre
gra → garnir grave rage agrafe

Corrigés p. 122 … / 20

6 Fiche d'observation

22 **Quand tu utilises un dictionnaire, où cherches-tu les mots qui correspondent aux dessins ? Écris ces mots.**

Ex. : *Tu ne trouves pas à* **i**.
Tu cherches à **h**.
Tu trouves le mot **hibou**.

1. Tu ne trouves pas à **qu**.
Tu cherches à … .
Tu trouves le mot … .

2. Tu ne trouves pas à **en**.
Tu cherches à … .
Tu trouves le mot … .

3. Tu ne trouves pas à **s**.
Tu cherches à … .
Tu trouves le mot … .

4. Tu ne trouves pas à **é**.
Tu cherches à … .
Tu trouves le mot … .

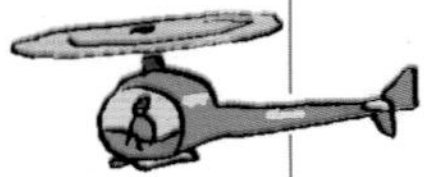

5. Tu ne trouves pas à **c**.
Tu cherches à … .
Tu trouves le mot … .

23 **Dans chaque mot, il y a une syllabe de trop. Corrige les erreurs.**

un amalnimal – la chemichenée – le jardijarnier
la marmimite – la matimanée – un mouchemouron.

24 **Le robot écrit n'importe quoi ! Remets les lettres dans l'ordre pour retrouver les mots qu'il voulait écrire.**

m o o n t u — a v e s — a c t h — p o t e s — é l u m e g

25 **Dans quels mots retrouves-tu ces syllabes ?**

gre →	léger	tigre	langue	grenouille
for →	froid	forte	informer	tordu

… / 20

7 Fiche d'observation

Pendant la leçon de conjugaison, la maîtresse demande :
– Quand je dis : il pleuvra, c'est quel temps ?
– Le mauvais temps, madame, répond Thomas.

26 **Reconnais-tu ces mots ? Écris-les.**

une leç...	un garç...	un maç...	un glaç...	une faç...
la maîtr...	la vit...	la rich...	une tr...	la princ...

27 **Le robot a voulu écrire quatre mots de l'histoire, mais il a mélangé les syllabes. Retrouve ces mots.**

damame vaismau jusoncongai vrapleu

28 **Cherche dans le texte du haut de la page trois mots qui représentent une personne. Écris-les.**

29 **Le robot s'est encore trompé. Il écrit u au lieu de a. Corrige ses trois messages.**

Je n'ui pus de purupluie.

Il fuit muuvuis ce mutin.

On iru s'ubriter duns lu cubune.

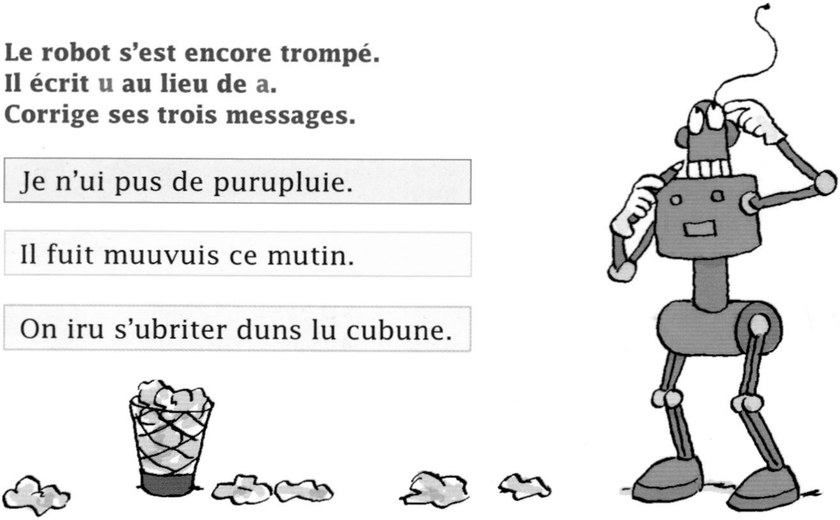

Corrigés p. 122 ... / 20

8 Fiche d'observation

– Maman, est-ce que je peux jouer du piano ? demande Émilie.
– Oui, mais il faut d'abord te laver les mains.
– Oh ! ce n'est pas la peine, je jouerai seulement sur les touches noires.

30 **Sur chaque ligne, retrouve un mot de l'histoire.**

- bouche – touche – couche – souche – louche.
- veine – peine – reine – Seine.
- poire – boire – Loire – foire – noire.

31 **Cinq de ces syllabes sont dans des mots de l'histoire. Trouve-les.**

pai	bro	por	roi	moi	pie
noi	pia	tou	pei	ton	jou

32 **Choisis chaque fois le mot qui est bien écrit pour compléter.**

blanc ou **noires** ? → des touches ...
propres ou **sale** ? → des mains ...
blanc ou **noire** ? → un piano ...

33 **Ces cinq mots se terminent comme un mot qui est dans le texte du haut de la page. Complète-les.**

un lavab... une mot... un vél... le caca... une aut...

34 **Le robot a mis des verbes dans une boîte. Quels sont ceux qu'on retrouve dans le texte ?**

chanter pouvoir manger
doucher crier jouer
ouvrir laver demander

... / 20

9 Fiche d'observation

C'est la leçon de calcul.

Le maître demande :
– Antoine ! Si tu as deux poissons dans ton assiette et si tu en manges deux, que reste-t-il ?
– Les arêtes, monsieur.

35 **Quels mots sont dans l'histoire du haut de la page ?**

poison	maire	mètre	ton
poissons	maître	mettre	thon

36 **Cinq de ces syllabes sont dans des mots de l'histoire. Trouve-les.**

ser	mau	nou	man	lac	mon	toi
boi	beu	cal	pio	res	cla	foi

37 **Cherche dans le texte du haut de la page :**

- le mot qui a **deux t** ;
- les deux mots qui ont **deux s** à la suite ;
- les quatre mots qui contiennent **an**.

38 **Complète par le singulier ou par le pluriel.**

le maître	→	les ...
un ...	→	deux poissons
l'arête	→	les ...
la leçon	→	les ...
une assiette	→	deux ...

... / 20

10 Fiche d'observation

De la fenêtre de sa chambre, Thomas regarde la neige qui tombe en gros flocons.
– Chic ! pense-t-il. Avec mes copains, on va faire une bataille de boules de neige !

39 **Complète ces mots. Ils se terminent tous de la même façon.**

mon cop... – attendre le tr... – prendre un b...
un morceau de p... – après-dem... .

40 **Cherche dans le texte du haut de la page :**

- le mot qui se termine comme *médaille* ;
- les deux noms qui ont le son **è** de *mère* ;
- les deux mots qui ont un **m** avant **b**.

41 **Complète par les petits mots qui manquent.**

sa chambre (à Thomas)	ses copains (à Thomas)
... chambre (à toi)	... copains (à toi)
... chambre (à moi)	... copains (à moi)

42 **Le robot s'est trompé en écrivant. Chaque fois, il a changé une lettre. Retrouve les mots de l'histoire qu'il voulait écrire.**

flacons	taire	poules
gris	bombe	retarde

... / 20

Règles d'orthographe

Elles sont regroupées sous cinq rubriques *(liste des règles pages 6-7)* :

- notions de base ;
- orthographe d'usage ;
- homophones grammaticaux ;
- accords en genre et en nombre ;
- formes verbales.

L'enseignant peut choisir l'ordre d'étude de ces règles, ou bien suivre la progression proposée page 4.

Les mots marqués PAR ❤ doivent être appris. Ils ont été choisis en fonction de leur fréquence et de leur difficulté. Ils s'intègrent à la progression des ouvrages de la série ORTH.

Certains exercices sont auto-correctifs, d'autres non. On peut facilement les noter, car tous sont prévus avec cinq, dix ou vingt réponses. Les plus difficiles sont signalés par un triangle bleu : ▶.

1 le groupe du nom

OBSERVE

RETIENS

- **Le nom** est un mot qui désigne une personne, un animal, une chose ou une idée.
- **Le groupe du nom** est formé d'un petit mot *(un, une, des, le, la, les, mon, ma, mes…)* suivi d'un nom, avec parfois un ou deux adjectifs : *une **belle** voiture **rouge***.

1 **Classe ces mots en quatre colonnes suivant qu'ils représentent une personne, un animal, une chose ou une idée.**

un âne, une dent, un pêcheur, un tabouret, un vase, une sottise, un corbeau, une vipère, un écolier, la force.

Corrigé p. 122 … /10

2 **Écris seulement les noms en ajoutant un ou une.**

film, soupière, mélanger, sacoche, écharpe, donner, partout, plat, vivre, joue, diriger, langue, nid, nappe, utile, sardine.

… /10

3 **Dessine « une cuillère » sous chaque groupe du nom.**

Ex. : *C'est mon gros chat noir.* → *C'est mon gros chat noir.*

Le train part dans une minute. • Mets un pantalon propre. • Chez ma grand-mère, c'est le coq qui me réveille le matin. • Je n'ai pas ce joli timbre dans ma collection. • J'ai aidé ce vieux monsieur à traverser la rue.

… /10

PAR ❤

un tr**ain**	une den**t**	un cadre	un ti**m**bre
le p**ain**	un instrumen**t**	une raqu**ette**	so**m**bre

2 le verbe

Le renard bondit.
Que fait-il ?

Il bondit.
VERBE

Les poules s'envolent.
Que font-elles ?

Elles s'envolent.
VERBE

■ **Le verbe** est un mot qui indique en général **ce que l'on fait** : *bondir, s'envoler.*

■ Le verbe peut se conjuguer : *je bondis, tu bondis, il bondit…*

4 **Recopie seulement les verbes.**

laver, chapeau, saluer, féminin, moudre, respirer, radis, tenir, jaune, continuer, rire, bas, avertir, gauche, porter, savoir.

Corrigé p. 122 … / 10

5 **Souligne les verbes de ces phrases.**

Je ferme la porte. • Montre-moi cette photo. • Je recouds un bouton. • Ne triche pas au jeu. • Il veut une pomme. • Si tu cries, les oiseaux s'envoleront. • Elle viendra tout à l'heure. • Il va mieux. • Les élèves prennent leur livre. … / 10

▶6 **Souligne les verbes de ces phrases.**

Maman garde le bébé des voisins. • Le train arrive en gare. • Le match commencera à six heures. • Tu dis des sottises. • On trouve des piles dans ce magasin. • Grand-mère conduit trop vite. • Regarde de chaque côté, puis traverse. • Écoutons cette chanson. • Il joue du piano. … / 10

PAR ♥

arracher éplucher bavarder coudre
approcher couvrir murmurer tordre

3 l'adjectif

OBSERVE

La girafe est grande. Son cou est long.

Comment est-elle ? Comment est-il ?

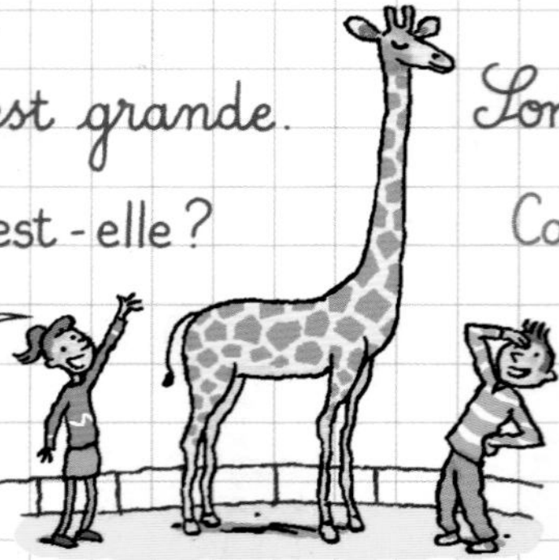

grande — ADJECTIF

long — ADJECTIF

RETIENS

- **L'adjectif** est un mot qui accompagne le nom.
  Il dit **comment est** une personne, un animal ou une chose :
  *elle est **grande**, il est **long**.*

7 **Recopie seulement les adjectifs.**

écrire, sot, peureux, docteur, fort, papier, adroit, bleu, épine, plonger, dur, plaisir, chaud, douloureux, répondre, sportif, plage, vieux.

Corrigé p. 122 ... /10

8 **Souligne les adjectifs de ces phrases.**

Il fait un temps magnifique. • Ce virage est dangereux. • L'herbe est haute. • Il est fou ! • Connais-tu la belle histoire du vilain petit canard ? • Je voudrais un vélo neuf. • Ils ont un chat noir à poils longs.

... /10

▸ **9** **Souligne les adjectifs de ces phrases.**

Ce jambon est trop gras. • Enzo est le plus jeune des deux. • C'est un outil très pratique. • L'avion était invisible dans le ciel. • Il est en parfaite santé. • Tu es légère comme une plume ! • Bébé a la peau douce. • Attention à ce vase : il est fragile ! • Ma grande sœur est frileuse.

... /10

PAR ❤

bas, ba**ss**e	confortable	fril**eux**	gri**s**
b**e**au, b**e**lle	formidable	util**e**	jaune

4 le pronom

OBSERVE

Papa a acheté un ballon. Louis a prêté le ballon.

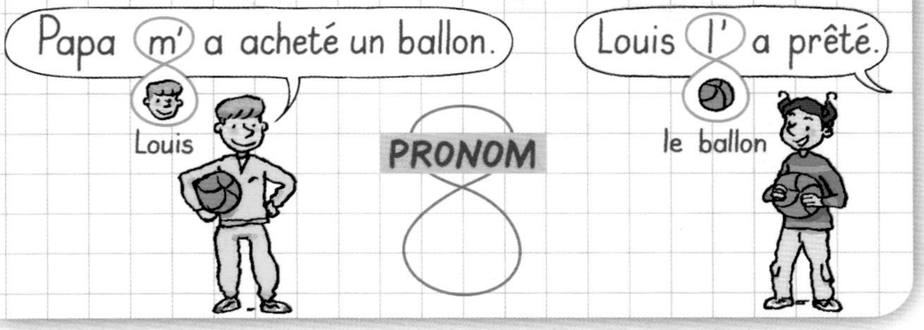
Papa m' a acheté un ballon.
Louis
Louis l' a prêté.
le ballon
PRONOM

RETIENS

- **Le pronom** est un petit mot qui **remplace un groupe du nom**. Il faut toujours penser à ce qu'il représente.
- Avant une voyelle, le pronom s'écrit avec une apostrophe.

10 **Quel groupe du nom correspond à chaque pronom en gras ?**

Léna **le** regarde grignoter une carotte.
Les enfants **la** voient dans le ciel.
Maman **les** presse pour faire un jus.
Hugo **les** appelle pour jouer.
Le chien **l'**a coupée avec ses dents.
On **l'**étend sur des fils.
Papa **l'**a réglé pour qu'il sonne.
Lucas **les** regarde construire un mur.
Magali **les** brosse chaque matin.
Alicia **l'**aide à mettre le couvert.

les maçons
la corde
le lapin
ses cheveux
les oranges
la lune
le linge
sa mère
le réveil
ses copains

Corrigé p. 123 ... /10

11 **Écris ces phrases en séparant les mots.**

Ilmadonnéunlivre. • Vousmavezfaitpeur. • Ellesecouelatête. Ellemaprêtéundisque. • Ellesachètentdesradis. • Jetécoute. Onsamusebien. • Ilsendortvite. • Jelaivu. • Onlècheuneglace.

... /10

PAR ❤

une cach**ette**	une ba**ll**e	une corde	le mien
une couch**ette**	un ba**ll**on	le lin**ge**	un no**m**

5 la négation

OBSERVE

Non, je (ne) veux (pas) !
Je (n') enlève (pas) mes lunettes.

P'TIT NON

Oui, je ( ) veux ( ) bien.
J' ( ) enlève ( ) mes lunettes.

P'TIT OUI

RETIENS

- **La négation** est formée de deux mots : **ne** et **pas** (ou : **ne** … **plus**, **ne** … **jamais**, **ne** … **rien**).
- Avant une voyelle, **ne** devient **n'** : *je **n'**enlève **pas***.

12 **Écris les phrases qui ont une négation.**

Margaux n'est pas sotte. • Julien mange peu. • Je n'ai plus de pièces. • Il ne veut rien. • Mon dessin est bientôt terminé. • Mon frère n'a jamais peur. • Le voyage sera long. • On ne grandit pas vite.

Corrigé p. 123 … /5

13 **Écris ces phrases en séparant les mots.**

Ilnevientpas. • Ellenestpaslà. • Ilnepleutplus. • Jenaipasfroid. • Latortuenestpasrapide. • Jenaimepasleriz. • Onnapasfini. • Ellenoublierien. • Tunécoutesjamais. • Ilnestpastombé. … /10

▸**14** **Voici des phrases de « P'tit Oui ». Fais-les dire à « P'tit Non ».**

Ex. : *J'enlève mes lunettes.* → *Je (n') enlève (pas) mes lunettes.*

Il prend son ours. • L'oiseau s'échappe de sa cage. • Elle enferme ses poules. • On apporte ses jouets à l'école. • J'échange une image contre deux billes. • Tu ouvres la porte. • Papa achète le pain. • Tu utilises des craies ? • J'aime les bananes. • J'ai beaucoup d'amis. … /10

PAR ❤

une crai**e**	un jou**et**	une pi**è**ce	so**t**, so**tt**e
une soiré**e**	un jou**eur**	un pi**è**ge	parfai**t**

6 l'interrogation

OBSERVE

Ira-t-elle à l'école ?

VERBE SUJET

Oui, elle ira à l'école.

SUJET VERBE

RETIENS

■ Quand une phrase exprime **une question**, les mots peuvent changer de place. Il faut toujours chercher la phrase simple qui correspond : *Ira-t-elle ?* correspond à : *Elle ira.*

15 **Ces phrases posent des questions. Fais dire les phrases simples à « P'tit Oui ».**

Ex. : *Ira-t-elle à l'école ? → P'tit Oui : Elle ira à l'école.*

Avez-vous déjeuné ? • Veux-tu des feutres ? • Porte-t-il un chapeau ? • Aime-t-elle les frites ? • Marquera-t-on un but ? • Mettrons-nous une veste et des bottes ? • Choisira-t-il ce métier ? • A-t-elle une sœur ? • Apprend-on cette leçon ? • Est-elle contente ? Corrigé p. 123 ... /10

16 **Écris ces phrases en séparant les mots. Pense aux traits d'union.**

Ex. : *Iratelleàlécole ? → Ira-t-elle à l'école ?*

Irastuàlafête ?	Pilotetilunavion ?
Estellejolie ?	Soulèverezvouscesac ?
Estugrand ?	Sortiratellebientôt ?
Atiluneauto ?	Parlentilsenclasse ?
Cecouteaucoupetil ?	Combienastudefrères ?

... /10

PAR ❤

blan**c**	une fen**ê**tre	un feutre	dern**ier**
blan**ch**ir	gauche	un monstre	la monta**gn**e
la blanch**eur**	le garage	un litre	une va**gu**e

7 les mots avec **in**, **ein**, **ien**

OBSERVE

RETIENS

- Les trois lettres **e.i.n** se prononcent comme **in** : *un lapin, la peinture*.
- Dans **ien**, on entend deux sons « i-in » : *un chien*.

17 **Choisis entre in et ien pour compléter.**

le mat..., un ch..., un magas..., un dess..., c'est b..., c'est anc..., des pép...s, un chem..., un magic..., un jard... .

Corrigé p. 123 ... /10

18 **Choisis entre in et ien pour compléter.**

un music..., c'est le t..., du rais..., un coméd..., un bass..., mascul..., fémin..., un chirurg..., un moul..., un requ... . ... /10

▸ **19** **Complète par ein ou ien.**

Le fr... de mon vélo est cassé. • Le gard... est absent. • Ce manteau est le m... . • Le carton est pl... . • Il a mal aux r...s. • Comb... en voulez-vous ? • Ét...s la lumière. • Non, je ne veux r... . • Est-ce qu'elle v...dra avec moi ? • On va rep...dre la cuisine. ... /10

PAR ❤

un voisi**n**	un prince	la cour	un poin**t**
le voisi**n**age	une princ**esse**	cou**r**ir	une poin**te**
une font**ai**ne	mali**n**	une course	une fuite

8 les mots avec **ail, eil, euil** ou **aill, eill, euill, ouill**

OBSERVE

un portail	un _ail	il travaille	il _aille
le soleil	le _eil	la corbeille	la _eille
un fauteuil	un _euil	une feuille	une _euille
		une grenouille	une _ouille

À la fin du mot, au masculin.

Noms au féminin + verbes

RETIENS

- On écrit **ail**, **eil**, **euil** à la fin d'un mot masculin : *un portail.*
- On écrit **aille**, **eille**, **euille**, **ouille** à la fin d'un mot féminin et d'un verbe : *une corbeille, il travaille.*
- À l'intérieur d'un mot, on écrit toujours **aill**, **eill**, **euill**, **ouill** : *le feuillage, il travaillait.*

20 **Écris ces mots en ajoutant un ou une.**

portail, feuille, appareil, écureuil, caille, fauteuil, oreille, grenouille, conseil, maille. Corrigé p. 123 ... /10

21 **Complète par ail ou aille, eil ou eille.**

une ab..., le sol..., la bat..., une corb..., de la p..., une éc..., une bout..., un rév..., une merv..., un trav... . ... /10

▶**22** **Complète par il ou ille.**

une jolie méda..., des nou...s fraîches, une feu... de papier, les ra...s du train, de la rou..., je trava..., une grande ta..., il se mou..., un chevreu..., il se réve... . ... /10

PAR ❤

une or**eille**	la t**aille**	garder	de la mie
une f**euille**	une gren**ouille**	un gard**ien**	une mi**ette**

9 les mots avec **ay**, **oy**, **uy**

OBSERVE

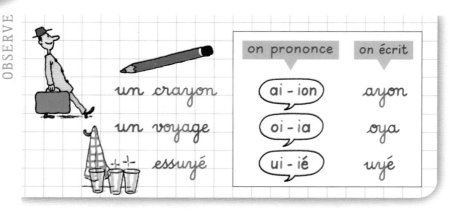

	on prononce	on écrit
un crayon	ai - ion	ayon
un voyage	oi - ia	oya
essuyé	ui - ié	uyé

RETIENS

- Après **a**, **o**, **u**, la lettre **y** correspond en général à **deux i** : *un crayon, un voyage, essuyé.*

23 **Complète par ay, oy ou uy.**

Veux-tu bal...er ? • Le chien a ab...é. • Elle t'a env...é un colis. • Ils ont p...é leur l...er. • Elle est au cours m...en. • Cet article est au r...on parfumerie. • Nett...ons le four. • Ess...ez la table avec ce chiffon. • C'est un cr...on bleu. Corrigé p. 123 ... /10

24 **Complète par ay, oy ou uy.**

Tu vas t'enn...er. • Le feu brûle dans le f...er de la cheminée. • Il a app...é l'échelle contre le mur. • Il v...age beaucoup. • C'est un empl...é de banque. • Maman va ess...er une robe. • Quelle rue br...ante ! • J'ai acheté un pull à r...ures. • Antoine est j...eux. • Il est de taille m...enne. ... /10

25 **Dans quels mots la lettre y correspond-elle à un seul i ?**

un pyjama, un paysage, un voyageur, une pyramide, un cyclone, il croyait, un mystère, nous voyons, une syllabe, le noyer, le jury, une voyelle, un cygne, un rayonnage, un cycliste, le nettoyage, un stylo, la gymnastique. ... /10

PAR ❤

un v**oy**age	une lettre	une éch**elle**	une ab**eille**
un v**oy**ageur	un pay**s**	une éc**aille**	une bout**eille**

10 la lettre **m** avant **m**, **b**, **p**

OBSERVE

	on entend	avant m, b, p, on écrit
emmener	en	emm
la jambe	an	amb
un timbre	in	imb
un pompier	on	omp

em / am / im / om + m / b / p

⚠ sauf : bonbon

RETIENS

- La lettre **n** devient **m** quand elle est suivie d'un **m**, d'un **b** ou d'un **p** :
  *em**m**ener, la jam**b**e, un pom**p**ier.*

26 **Complète par an ou am, on ou om.**

une ...bre chinoise, bl...chir le linge, un n...bre à deux chiffres, une r...pe d'escalier, une m...tagne enneigée, un joli t...bour, une bonne rép...se, un problème c...pliqué, la gr...deur, un t...pon. Corrigé p. 123 ... /10

27 **Complète par on ou om, in ou im.**

un ...perméable, une f...taine, une pièce s...bre, une punition ...juste, une tr...pette, un c...pagnon, gr...per aux arbres, la c...duite, une ép...gle, une p...pe à vélo. ... /10

▶ **28** **Complète par en, on, in ou par em, om, im.**

c'est ...possible, une m...tre en or, t...ber de haut, ...capable, c'est ...portant, le d...tiste, un b...bon, un c...pliment, ...core, tr...bler de froid. ... /10

PAR ❤

une po**m**pe	un papi**ll**on	la ca**m**pagne	déce**m**bre
po**m**per	la p**aille**	un co**m**pliment	une ja**m**be
un po**mpier**	une bat**aille**	une tro**m**pe	un légume

11 les mots avec **x**, **ex** ou **es**

OBSERVE

un taxi
_x_
un exposé
un exemple
un escalier
es_
J'entends ks.
J'écris presque toujours x.
J'entends èks ou ègz.
J'écris ex.
J'entends ès.
J'écris es.

RETIENS

- À l'intérieur d'un mot, la lettre **x** se prononce en général « ks ».
- Quand un mot commence par **ex-**, la lettre **x** se prononce « ks » avant une consonne : *un exposé*.
  Elle se prononce « gz » avant une voyelle : *un exemple*.

29 **Complète par s ou x.**

un bo...eur, di...cuter, un ta...i, ju...qu'à ce soir, lu...ueux, une école mi...te, un di...que, à pro...imité, un ma...que, des fi...ations de ski.

Corrigé p. 123 ... /10

30 **Complète par es ou ex.**

un ...calier, bien ...pliquer, une ...trade, un ...cargot, une ...position, un ...cabeau, à l'...térieur, l'...pace, un ...emple, l'...tomac.

... /10

▸ **31** **Complète par s, x, es ou ex.**

une ...plosion, une ...calade, di...tribuer, des ...cuses, avoir pr...que fini, un in...pecteur, regarder fi...ement, l'...poir, un ca...que, une ...plication.

... /10

PAR ❤

une v**es**te	un de**ss**in	cui**re**	une co**m**pagne
respirer	de**ss**iner	la cui**s**ine	un co**m**pagnon
la **res**piration	une ardoi**s**e	un biscui**t**	une co**m**pagnie

12 les mots avec **s** ou **ss**

OBSERVE

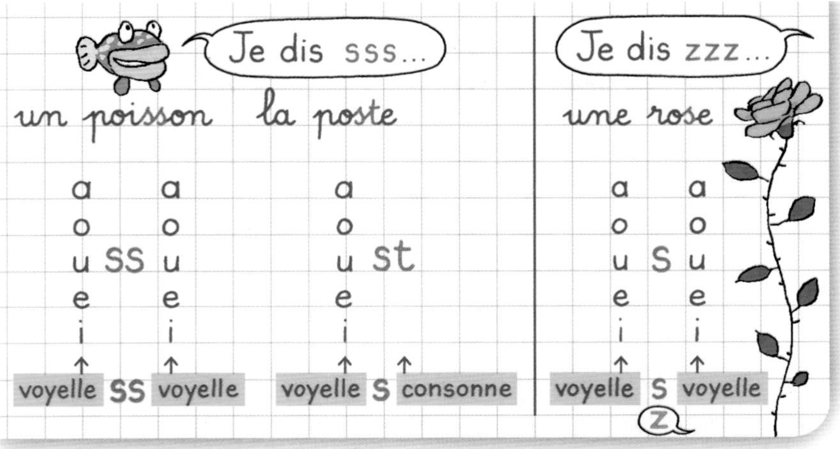

RETIENS

- Le son « s » s'écrit avec **deux s** s'il y a une voyelle juste avant et une voyelle juste après : *un poisson*. Si le son « s » n'est pas entre deux voyelles, **un seul s** suffit : *la poste*.
- Le son « z » s'écrit très souvent avec la lettre **s** : *une rose*.

32 **Complète par s ou ss selon que tu as le son « z » ou le son « s ».**

une bro...e, repa...er, un tré...or, le pa...é, une égli...e, une ardoi...e, une écrevi...e, de...iner, une sauci...e, une cho...e.

Corrigé p. 123 ... /10

33 **Complète par s ou ss. Si tu as le son « s », observe bien la lettre qui est juste avant et celle qui est juste après.**

des tre...es, une ve...te, c'est u...é, une divi...ion, un in...ecte, un ba...in, une pou...ette, une blou...e, en...uite, au...i. ... /10

34 **Complète par s ou ss.**

une lettre maju...cule, une plante gra...e, traver...ons la rue, sourire tri...tement, une sai...on pluvieu...e, un chien de cha...e, une cui...on in...uffisante, une table ba...e. ... /10

PAR ❤

un our**s**	la bri**s**e	gro**ss**ir	une **es**trade	une écur**ie**
un our**s**on	bri**s**er	gra**s**, gra**sse**	un **es**calier	une mor**ue**

13 les mots avec **g** ou **gu**, **c** ou **qu**

OBSERVE

gue	longue	que	bouquet
gui	guirlande	qui	requin

ga	garder	ca	carnet
go	gomme	co	corde
gu	figure	cu	cuisine

RETIENS

- Pour avoir le son « g » de *gare*, on écrit **g** avant **a**, **o**, **u** *(garder, gomme, figure)* et **gu** avant **e** et **i** *(longue, guirlande)*.
- Pour avoir le son « k » de *cave*, on écrit **c** avant **a**, **o**, **u** *(carnet, corde, cuisine)* et **qu** avant **e** et **i** *(bouquet, requin)*.

35 **Complète par g ou gu.**

un lé...ume vert, tirer la lan...e, un ma...asin, des va...es, une ba...e en or, le re...ard, conju...er un verbe, une vir...ule, une ba...ette, la lon...eur.

Corrigé p. 123 ... /10

36 **Complète par c ou qu.**

un cir...e, un pi...et de tente, une é...urie, le dire...teur, se...ouer ses plumes, une ra...ette de tennis, de la chi...orée, fabri...er, un ...adre en bois, un li...ide très chaud.

... /10

▸**37** **Complète par g ou gu, c ou qu.**

tourner à ...auche, être fati...é, au sin...ulier, un œuf à la co...e, prendre des ris...es, un re...ord, un ...roupe d'enfants, rester cha...un à sa place, navi...er sur un fleuve, aller à la ban...e.

... /10

PAR ❤

un bou**qu**et	un la**c**	un co**q**	une bar**que**	une chose
une bouti**que**	un be**c**	co**qu**in	lon**g**, lon**gue**	vieu**x**

14 les mots avec **g** ou **ge**, **c** ou **ç**

OBSERVE

J'entends jjj...

gea	orangeade
geo	pigeon
ge	plage
gi	régime

J'entends sss...

ça	façade
ço	garçon
çu	reçu
ce	place
ci	merci

RETIENS

- Pour que la lettre **g** se prononce « j », on ajoute un **e** et on écrit **ge** avant **a**, **o**, **u** : *l'orangeade, un pigeon.*
- Pour que la lettre **c** se prononce « s », on ajoute **une cédille** et on écrit **ç** avant **a**, **o**, **u** : *la façade, un garçon, un reçu.*

38 **Complète par g ou ge.**

une ...erbe de fleurs, suivre un ré...ime, il voya...ait, un repas lé...er, il va ru...ir, une bête sauva...e, on man...ait des crêpes, de l'oran...ade, un beau ver...er, un plon...on.

Corrigé p. 123 ... /10

39 **Complète par c ou ç.**

une grande piè...e, effa...er le tableau, une ré...itation très longue, une le...on à apprendre, la fa...ade de la maison, voi...i l'hiver, un ma...on adroit, un exer...ice fa...ile, être dé...u par une mauvaise note.

... /10

40 **Complète par g ou ge, c ou ç.**

un rempla...ant, un temps chan...ant, une sor...ière, un lima...on, un travail ur...ent, des bour...ons, un pi...on, c'est le ...inquième, le rin...age du linge, l'hame...on.

... /10

AR

le **ci**el	une ra**ci**ne	un parta**ge**	une **gi**rafe
un **ci**rque	mer**ci**	parta**ger**	le **gi**bier

15 le découpage en syllabes

OBSERVE

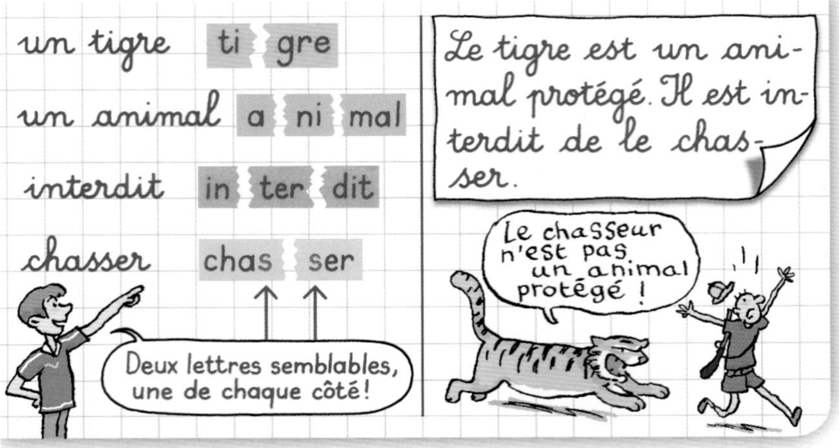

RETIENS

- Les mots peuvent se couper en **syllabes** : *a-ni-mal, in-ter-dit.*
- Si un mot a une consonne double, on le coupe en syllabes entre les deux consonnes : *chas-ser.*
- Si un mot ne tient pas à la fin d'une ligne, on le coupe entre deux syllabes et on ajoute un tiret.

41 Écris ces mots en attachant les syllabes.

ba-var-der, do-mes-ti-que, un cir-que, un bas-sin, un pa-nier, une pier-re, une ba-vet-te, l'a-via-tion, en-fan-tin, un bal-con.

Corrigé p. 123 ... /10

42 Coupe ces mots en syllabes.

chaudement, la grammaire, une couchette, janvier, perdu, une brosse, une brique, un cornet, un veston, la cuisson. ... /10

▸43 Comment peut-on couper ces mots en fin de ligne ?

un camarade, un bazar, des bottines, une asperge, un castor, reprendre, une gomme, du trèfle, un terrain, un mouvement. ... /10

PAR ❤

une bro**sse**	le clocher	un ba**ss**in	chau**d**
bro**ss**er	une cloch**ette**	la cui**ss**on	chaude**ment**

16 les accents : **é, è, ê**

OBSERVE

é	è	ê
Se prononce comme dans "bébé."	Se prononcent comme dans "lait."	
féminin	*frère*	*fête*
fé mi nin	frè re	fê te

⚠ Tous ces accents sont à la fin d'une syllabe.

RETIENS

- Les accents sur le **e** montrent comment on prononce cette lettre.
- Il y a l'**accent aigu** (é) pour prononcer le **é** de *féminin*.
- Il y a l'**accent grave** (è) pour prononcer le **è** de *frère*, et l'**accent circonflexe** (ê), comme dans *fête*.

44 **Écris ces mots en ajoutant les accents aigus (é) ou graves (è).**

ecouter, une epicerie, les levres, des etoiles, un probleme, une reponse, une idee, une vipere, ecrire, une soupiere.

Corrigé p. 123 ... /10

45 **Écris ces mots en ajoutant les accents aigus (é) ou circonflexes (ê).**

une peche, une echarpe en soie, de la fumee, la fenetre, un pieton, un pecheur à la ligne, un ecriteau, beler, une reunion, une arete de poisson. ... /10

▸**46** **Ajoute les dix accents aigus (é) ou graves (è) qui manquent.**

la rosee du matin, la puree, un siege, le cours elementaire, un piege, une bonne memoire, un chien fidele, la riviere, une matiere importante. ... /10

AR ❤

un **mé**tier	un li**è**vre	un z**è**bre	une l**è**vre	une b**ê**te
la **mé**moire	un fr**è**re	une sorci**ère**	être n**é**	b**ê**ler

17 un accent ou pas d'accent

OBSERVE

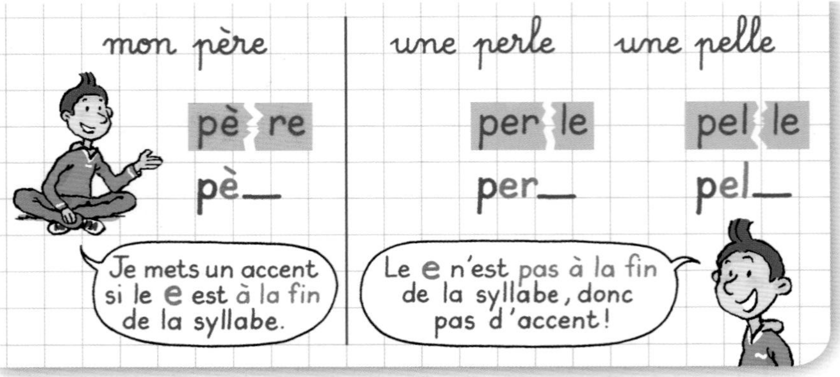

mon père
pè re
pè_
une perle
per le
per_
une pelle
pel le
pel_
Je mets un accent si le e est à la fin de la syllabe.
Le e n'est pas à la fin de la syllabe, donc pas d'accent !

RETIENS

- Il y a **un accent** seulement si le **e** est **à la fin de la syllabe** : *pè-re*.
- Quand un **e** qui **se prononce « è »** n'est pas à la fin de la syllabe, il n'a pas d'accent : *per-le*.
- Quand un **e** est **suivi d'une consonne double**, il n'a pas d'accent : *pel-le*.

47 **Attache les syllabes et ajoute les accents, si c'est nécessaire.**

un ad-jec-tif, une pie-ce, une ron-del-le, un spec-ta-teur, c'est mo-der-ne, un lie-vre, fer-mer, des lu-net-tes, tra-ver-ser, du tre-fle.

Corrigé p. 123 ... /10

48 **Attache les syllabes et ajoute les accents, si c'est nécessaire.**

des vio-let-tes, une sor-cie-re, une cou-ver-tu-re, son pe-re et sa me-re, pres-que, le troi-sie-me, a-vec, mer-ci, une che-vre.

... /10

▶ **49** **Complète par è ou e.**

mademois...lle, enf...rmer, un z...bre, une mou...tte, mon fr...re, d...rri...re moi, une figue s...che, des sem...lles, un ch...f, le dixi...me.

... /10

PAR ❤

dir**ect**	p**ê**cher	l'h**er**be	un m**er**le
dir**ect**ement	un p**ê**cheur	m**er**credi	une merv**eille**

18 les noms terminés par -eur

OBSERVE

le chanteur — la chaleur

le ___eur — la ___eur

MASCULIN — FÉMININ

⚠ sauf : le beurre — ⚠ sauf : une heure, une demeure

⚠ _œur : le cœur — ⚠ _œur : une sœur

RETIENS

- Tous les noms terminés par le son « eur » s'écrivent **eur** : *le chanteur, la chaleur*. Sauf : *une heure, une demeure, le beurre*.
- Ces mots s'écrivent **œur** : *une sœur, un cœur*.

50 **Écris ces mots en ajoutant le ou la.**

sueur, spectateur, largeur, directeur, facteur, chaleur, peur, douleur, visiteur, promeneur. Corrigé p. 123 ... /10

51 **Complète ces noms en t'aidant du tableau ci-dessus.**

un vol..., une fl..., un voyag..., sa s..., un chass..., une lu..., une longu..., la blanch..., du b..., une coul... . Corrigé p. 123 ... /10

52 **Complète ces noms en t'aidant du tableau ci-dessus.**

la val..., une od..., le c..., un vend..., un min..., la gross..., une dem..., la profond..., une h..., la vap... . ... /10

▸ **53** **Trouve les noms en -eur qui correspondent à ces mots.**

Ex. : *doux → la douceur ; chanter → un chanteur.*

pêcher, livrer, grand, jouer, blanc, mentir, fraîche, ramer, louer, tricher. ... /10

PAR ❤

un moteur	grandir	la haut**eur**	acheter
un éleveur	la grand**eur**	une lu**eur**	un acheteur

19 les noms terminés par -ie

OBSERVE

FÉMININ

une pie
la pluie
une sortie

une ___ie

⚠ sauf : la nuit, une souris, une brebis, une fourmi, une perdrix.

MASCULIN ⚠

un canari — _i
un fruit — _it
un nid — _id
un radis — _is
le prix — _ix
le persil — _il

(un outil, un fusil)

RETIENS

- Les noms féminins terminés par le son « i » s'écrivent **ie**, comme *la pluie*. Sauf : *la nuit, une souris, une brebis, une fourmi, une perdrix*.
- Au masculin, les noms terminés par le son « i » s'écrivent **i** *(un canari)* ou **i** suivi d'une consonne muette *(un fruit, un nid, un radis...)*.

54 Complète les noms par i ou ie.

une sort..., le mercred..., une sonner..., son mar..., pousser un cr..., une boug..., la première part..., marquer un pl..., un rôt..., une sucrer... .

Corrigé p. 123 ... /10

55 Complète ces noms en t'aidant du tableau ci-dessus.

un rad..., du pers..., une fol..., un n... d'oiseau, un animal de compagn..., une fourm... rouge, la m... du pain, un out... de jardin, la mair... du village, une cop... .

... /10

▸56 Trouve les noms terminés par -ie correspondant à ces définitions.

a. C'est la maison des chevaux.
b. C'est le contraire de la santé.
c. On y vend du pain.
d. On y vend des livres.
e. Très grand pré où les animaux broutent.

... /5

PAR ❤

un fruit	un nid	une épicerie	la prairie
la nuit	un radis	une ménagerie	la pluie
minuit	une mine	une machine	la folie

20 les noms terminés par **-er** et **-ier**

OBSERVE

RETIENS

- Des noms se terminent par **-er** ou **-ier** : *un verger, un cerisier.*
- Certains noms ont un féminin en **-ère** ou **-ière** : *un boucher, une bouchère ; un caissier, une caissière.*

57 Complète par er ou ier.

un tabl... de cuisine, une feuille de pap..., du lait ent..., un roch..., un quart..., le soup..., être droit... ou gauch..., arriver le prem..., partir le dern... .

Corrigé p. 123 ... /10

58 Sur quoi poussent ces fruits ou ces fleurs ?

Ex. : *les cerises* → *sur un cerisier.*

les fraises, les pommes, les bananes, les oranges, les pêches, les framboises, les abricots, les poires, les olives, les roses.

... /10

▸59 Écris le nom de personne qui correspond à chaque question.

Ex. : *Qui est à la caisse ?* → *Le caissier.*

Qui est à la ferme ?	...	*Qui est* au jardin ?	...
à la cuisine ?	...	à la boulangerie ?	...
en prison ?	...	à la pâtisserie ?	...
à la banque ?	...	à l'épicerie ?	...
à l'école ?	...	à l'infirmerie ?	...

... /10

PAR ❤

le bouch**er**	un pan**ier**	un ouvr**ier**	le soup**er**
le boulang**er**	le pap**ier**	un sucr**ier**	une soup**ière**

21 les mots avec **onn**

OBSERVE

un lion — une lionne

-on

-onn-

un poisson — un poissonnier

-on

-onn-

⚠ sauf : -one pour les mots avec phone.

RETIENS

- Les mots qui s'écrivent avec **onn** correspondent en général à un mot terminé par **-on** : *une lionne, un lion.*
- Les mots qui ont le son « fone » s'écrivent **phone** : *le téléphone.*

60 **Écris les mots terminés par -on qui correspondent aux mots contenant -onn-.**

Ex. : *une lionne → un li**on**.*

une rue piétonne, un prisonnier, une poissonnerie, une camionnette, une boutonnière, un citronnier, un dindonneau, la maçonnerie, une oursonne, pardonner.

Corrigé p. 123 ... /10

61 **Complète par on ou par onn.**

une mais...ette, un téléph...e mobile, la patr...e, une s...erie bruyante, l'interph...e de l'immeuble, questi...er, la ph...étique, une sav...ette, un magnétoph...e, le champi...at. ... /10

▸ **62** **Complète, puis écris le mot en -on correspondant.**

Ex. : *un wago...et → un wago**nn**et, un **wagon**.*

bo...e, polisso...e, migno...e, raiso...able, le carto...age, une chanso...ette, un rayo...age, tampo...er, l'espio...age, frisso...er. ... /10

PAR ❤

do**nn**er	so**nn**er	le spor**t**	une tr**esse**
un tabl**ier**	une so**nn**erie	un sportif	la vit**esse**
un poir**ier**	un si**gn**e	la s**ueur**	la rich**esse**

22 la ponctuation

OBSERVE

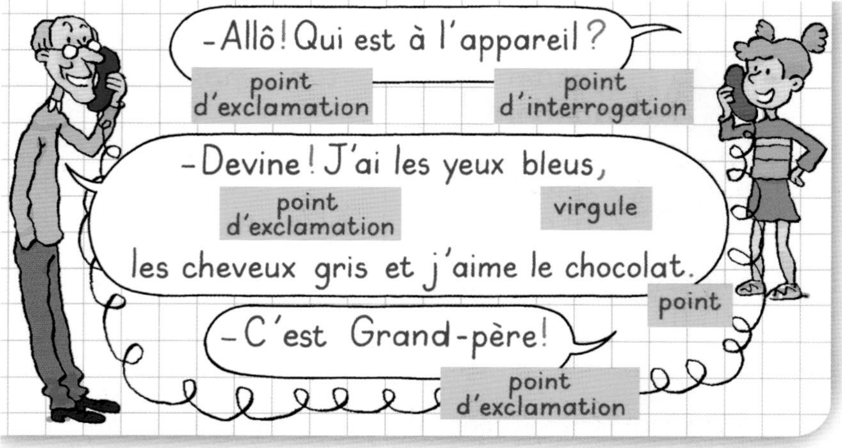

RETIENS

- La phrase se termine par **un point**. Après, on écrit toujours **une majuscule**.
- Quand on pose une question, on met **un point d'interrogation**.
- Quand on s'exclame, on met **un point d'exclamation**.
- Dans une phrase, quand on s'arrête un peu, on met **une virgule**.

63 **Remplace chaque rond bleu par un signe de ponctuation.**

– Julie • viens vite • crie Papa • J'ai apporté une surprise •
– Qu'est-ce que c'est •
– Devine • Il a quatre pattes • de la fourrure • des moustaches et...
– C'est un chat • Est-ce que j'ai trouvé •

Corrigé p. 124 ... /10

64 **Remplace chaque rond bleu par un signe de ponctuation.**

– Attention • L'avion va décoller • Avez-vous bien attaché vos ceintures •
– Oui • répond Alexandre •
Son cœur bat • C'est la première fois qu'il prend l'avion •
Et toi • À sa place • n'aurais-tu pas un peu peur • ... /10

PAR ❤

le rivage	une vir**gu**le	peur**eux**	for**t**
une rivi**ère**	une surpri**s**e	nuag**eux**	forte**ment**

23 les lettres finales muettes

OBSERVE

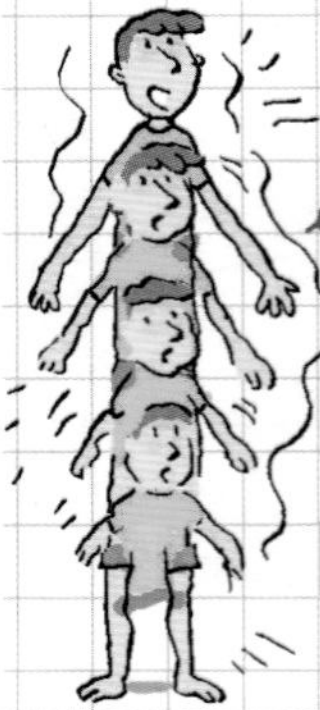

grandir
agrandir
grandeur
grande
grand
↑
lettre muette

une poterie
un pot
↑
lettre muette

Elle est heureuse.
Il est heureux.
↑
lettre muette

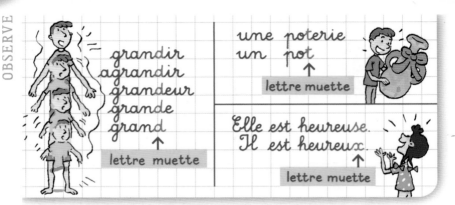

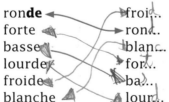

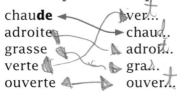

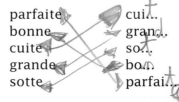

RETIENS

- Les mots forment des familles : *grand, grande, grandir, grandeur, agrandir...*
- Un mot de la même famille fait parfois entendre une lettre muette : *po**t**erie* et *pot*, *heureu**se*** et *heureu**x***.

65 **Complète l'adjectif masculin après avoir trouvé l'adjectif féminin qui lui correspond.**

Ex. : *ron**de** → ron... : ron**de** et ron**d**.*

ron**de**	froi...	haute	gro...
forte	ron...	grosse	lon...
basse	blan...	franche	hau...
lourde	for...	grise	fran...
froide	ba...	longue	gri...
blanche	lour...		

Corrigé p. 124 ... /10

66 **Complète l'adjectif masculin après avoir trouvé l'adjectif féminin qui lui correspond.**

chau**de**	ver...	parfaite	cui...
adroite	chau...	bonne	gran...
grasse	adroi...	cuite	so...
verte	gra...	grande	bo...
ouverte	ouver...	sotte	parfai...

... /10

67 **Complète les noms qui correspondent aux verbes.**

regarder, le regar... • chanter, un chan... • sauter, un sau... • camper, un cam... • ventiler, le ven... • monter, un mon... • entasser, un ta... • tricoter, un trico... • retarder, le retar... • bavarder, un bavar... .

Corrigé p. 124 ... /10

68 **Complète par la bonne lettre muette.**

une bordure, le bor... • le dentiste, une den... • un arbre fruitier, un frui... • un dossier, le do... . • une rondelle, un ron... • une sottise, il est so... • le laitier, du lai... • la toiture, le toi... • le troisième, troi... • un raton, un ra... .

... /10

69 **Écris ces adjectifs deux par deux en les complétant au masculin ou au féminin.**

Ex. : *peur...* → *peureux : peur**euse** et peureux.*

peur...	joyeux	courag...	génér...
délicieuse	délici...	danger...	fril...
silencieuse	*peureux*	frileuse	courageux
joy...	soign...	généreuse	nerveux
nombr...	silenci...	nerv...	dangereux
soigneuse	nombreux		

... /10

70 **Complète par la bonne lettre muette.**

un plateau, un pla... • embrasser, un bra... • raser, couper à ra... • un sportif, le spor... • de la marchandise, un marchan... • c'est enfantin, un enfan... • un paysan, le pay... • une biscuiterie, un biscui... • un abricotier, un abrico... • un renardeau, un renar... .

... /10

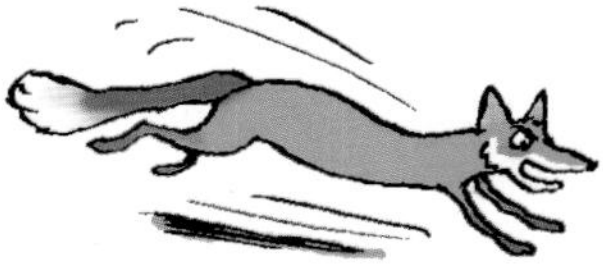

PAR ❤

la gra**mm**aire	adroi**t**	dou**x**, dou**ce**
le vocabulaire	adroite**ment**	doulour**eux**
le ma**î**tre	un ora**ge**	vi**f**, vi**ve**
la ma**î**tresse	ora**geux**	vive**ment**

24 les homonymes

OBSERVE

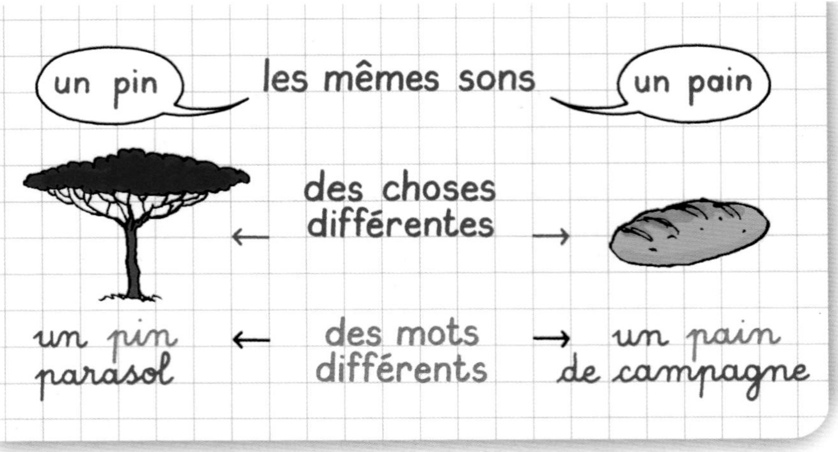

RETIENS

■ **Les homonymes** sont des mots qui **se prononcent de la même façon**, mais qui n'ont **pas le même sens** et qui n'ont **pas la même orthographe** : *le pin* est un arbre et *le pain* se mange.

71 **Complète les phrases avec les mots écrits en gras.**

un **point** le **poing**	■ Serrez bien le ... . • À la fin de la phrase, je mets un ... . • Il a reçu un coup de ... .
une **dent** **dans**	■ J'ai une ... qui pousse. • Mets ton mouchoir ... ta poche.
cuire du **cuir**	■ Son cartable est en ... . • Faisons ... le rôti. • C'est un poulet prêt à ... .
le **pouce** il **pousse**	■ Je ... la porte pour l'ouvrir. • Mon petit frère suce son ... .

Corrigé p. 124 ... /10

72 **Complète les phrases avec les mots écrits en gras.**

une **aile** **elle**	■ C'est ... qui me l'a dit. • Veux-tu une cuisse de poulet ou une ... ?
la **boue** le **bout**	■ Attention ! Ne mets pas de la ... sur le tapis. • Tiens le ... du bâton.

un **chant** un **champ**	▪ J'ai entendu le ... du coucou. • Il a ramassé beaucoup de champignons dans ce ... .
la **peau** un **pot**	▪ Elle sert le jus de fruit dans un grand ... . • Enlève la ... de la pêche avant de la manger.
en **haut** l'**eau**	▪ L'... est en train de bouillir. • Les plats sont rangés en ... du placard. Corrigé p. 124 ... /10

73 **Complète les phrases avec les mots écrits en gras.**

un **mois** **moi**	▪ Toi, tu es un garçon, et ... je suis une fille. • Janvier est le premier ... de l'année.
un **nom** **non**	▪ En veux-tu ? ... . • Mon prénom est Pierre, mon ... est Martin.
le **col** la **colle**	▪ Ferme ton ... de chemise. • Cette ... est très forte.
un **coq** une **coque**	▪ Maman a fait cuire des œufs à la ... . • De bon matin, le ... a chanté.
une **paire** le **père**	▪ J'ai besoin d'une ... de ciseaux. • Son ... et sa mère sont absents. ... /10

74 **Complète les phrases avec les mots écrits en gras.**

toi un **toit**	▪ Notre maison a un ... de tuiles claires. • Qu'est-ce que tu en penses, ... ?
mai **mais**	▪ Parle, ... ne crie pas ! • J'aime beaucoup le mois de ... .
le **cou** un **coup**	▪ On a entendu un ... frappé à la porte. • Le ... est une partie du corps.
la **mer** ma **mère**	▪ Son père et sa ... travaillent dans la même usine. • Je préfère la ... à la montagne.
la **pâte** la **patte**	▪ Le pâtissier réussit bien la ... à tarte. • Mon chien s'est fait mal à une ... . /10

PAR ❤

un on**c**le	la f**in**, finir	le fi**ls**	un po**t** en fer
une t**an**te	la da**t**e du jour	la fille	l'eau, la mer

25 les mots invariables

OBSERVE

Il est devant. Elle est devant. Ils sont devant.
invariable
invariable
invariable
Les mots invariables ne s'accordent jamais.
Je les apprends par cœur.

RETIENS

■ Un mot **invariable** n'a pas de féminin ni de pluriel.
Il ne change jamais d'orthographe.

75 **Complète les phrases avec les mots sur fond bleu.**

PAR ❤ puis / depuis / sans / sous / dessous

■ Elle est sortie ... parapluie. • Le chat a couru se cacher ... le lit. • Il se lève, ... il va se laver. • Où l'as-tu mis ? Dessus ou ... ? • Tu as grandi ... l'an passé.

PAR ❤ en / enfin / encore / entre / ensuite

■ L'assiette se trouve ... le couteau et la fourchette. • Je termine ce travail, ... je t'aiderai à finir le tien. • L'hôtel est juste ... face de la gare. • Le beau temps est ... revenu ! • Puis-je prendre ... un gâteau ?

Corrigé p. 124 ... /10

76 **Complète les phrases avec les mots sur fond bleu.**

PAR ❤ bien / combien / loin / quoi / pourquoi

■ J'aime ... le cirque. • ... ne sais-tu pas ta poésie ? • Ils habitent très ... de chez moi. • ... veux-tu de crayons de couleur ? • À ... pensez-vous ?

PAR ❤ avant / devant / pendant / pourtant / maintenant

■ Il s'arrêta ... la maison. • Je n'ai pas compris, ... j'ai bien écouté la leçon. • J'ai répondu ... toi. • C'est au tour de mon frère, ... • On l'a attendu ... une heure.

Corrigé p. 124 ... /10

77 **Complète les phrases avec les mots sur fond bleu.**

PAR ❤ chaque / puisque / lorsque / presque / jusqu'à

■ ... tu arriveras, tu sonneras. • Elle réussit ... toujours. • ... matin, je fais mon lit. • Je veux bien ... je te l'ai promis. • Nous resterons ... demain.

PAR ❤ aussi / surtout / partout / souvent / comment

■ Moi ..., je veux une tartine. • ... faut-il faire ? • Et ..., n'oublie pas les clés ! • Je pense ... à mes grands-parents. • Ne me suis pas ..., comme un petit chien.

... /10

78 **Complète les phrases avec les mots sur fond bleu.**

PAR ❤ ici / voici / autre / autour / derrière

■ ... ma tortue. • C'est ... que j'habite. • Alignez-vous les uns ... les autres. • Je te prête ce stylo, j'en ai un ... . • Ne tourne pas ... de moi !

PAR ❤ hier / avant-hier / aujourd'hui / demain / après-demain

■ ..., nous sommes mardi.
..., c'était lundi.
..., c'était dimanche.
..., ce sera mercredi.
..., ce sera jeudi.

... /10

PAR ❤

en ba**s**	une pi**e**	cha**c**un	**re**copier
en hau**t**	une oi**e**	dem**i**	**re**couper
au lieu de	la joi**e**	double	**re**coudre

26 les nombres

OBSERVE

Les nombres sont des mots invariables.

Entre 0 et 100, les nombres sont reliés par et ou par un tiret.

les quatre arbres
les cinq oiseaux
ces huit chats
vos neuf chiens
ses onze ans

21 : vingt et un
22 : vingt-deux
33 : trente-trois

RETIENS

- **Les nombres** s'écrivent avec des mots **invariables**.
- On relie les nombres plus petits que cent par **et** ou par **un tiret** : *vingt et un, vingt-deux*.

79 **Écris ces nombres en lettres.**

3, 4, 5, 6, 7, 8, 9, 10, 11, 12.

Corrigé p. 124 ... /10

80 **Écris en lettres le résultat de ces additions.**

Ex. : *7 + 2 + 1 + 6 = ... → 7 + 2 + 1 + 6 =* ***seize****.*

a. 2 + 6 + 3 + 2 = ...
b. 5 + 7 + 4 + 1 = ...
c. 8 + 3 + 2 + 6 = ...
d. 5 + 5 + 5 + 3 + 3 = ...
e. 20 + 8 + 10 + 3 + 1 = ...

... /5

▸ **81** **Écris en lettres les nombres qui sont dans ces phrases.**

La majorité est à 18 ans. • On paie demi-tarif après 60 ans. • Pour la fête, j'ai vendu 41 billets. • La sœur de Bastien aura 23 ans demain, la mienne en aura 14. • Il y a 24 œufs dans deux douzaines d'œufs. • Le résultat est 0 ! • Au mariage de Lyne, nous serons 55. • Il y a 15 joueurs dans une équipe de rugby, ce qui fait 30 joueurs sur le terrain. ... /10

PAR ❤

quatre pa**tt**es	cinq	**z**éro	une unit**é**	un menu
le nombre di**x**	neuf	dou**z**e	un groupe	une od**eur**

27 les mots terminés par -**ment**

OBSERVE

long ⟶ longue ⟶ longuement
rare ⟶ rare ⟶ rarement

⟶

⟶ ___ + ment

ADJECTIF MASCULIN	ADJECTIF FÉMININ	ADVERBE (INVARIABLE)

RETIENS

■ Les mots terminés par **-ment** formés à partir d'un adjectif sont **invariables**. Ce sont des **adverbes** : *longuement* (adjectif : *long* ; adjectif au féminin : *longue*).

82 **Recopie les adverbes en -ment qui sont dans ces phrases.**

Ils achètent rarement du raisin. • Ces gens nous regardent curieusement. • Les voyageurs agitaient vaguement la main. • J'aime quand tu joues calmement. • Elles ferment toujours la porte doucement.

Corrigé p. 124 ... /10

83 **Écris les adjectifs correspondant à ces adverbes.**

Ex. : *longuement* → ***long, longue.***

librement, chaudement, proprement, adroitement, rarement, fortement, solidement, parfaitement, tristement, largement.

... /10

▸**84** **Parmi ces mots, il y a cinq noms et cinq adverbes. Écris-les en deux colonnes en ajoutant un ou une avant les noms.**

heureusement, moment, péniblement, joyeusement, jument, compliment, délicatement, mouvement, courageusement, instrument.

... /10

PAR ❤

rare**ment**	triste**ment**	un bid**on**	un cast**or**
propre**ment**	solide**ment**	un drag**on**	un chat**on**

OBSERVE

1 + 1
mon lit et mon armoire

et puis

Mon lit est réparé.
Il est solide.

être réparé
être solide

RETIENS

- **et** réunit deux mots, deux expressions ou deux phrases.
- **est**, c'est le verbe **être** à la 3e personne du singulier du présent : *il est, elle est, on est.*
 Il peut être conjugué avec un verbe : *il est réparé.*

85 **Pour chaque phrase, écris l'expression construite avec être.**
Ex. : *Ce lit est solide →* ***être solide.***

Son bureau est fermé. • Ta jupe est tachée. • Il est revenu lundi. • Votre purée est bonne. • Le billet est gratuit.

Corrigé p. 124 ... /5

86 **Complète ces phrases par et ou est.**
- La table ... les chaises sont neuves. La table ... jolie.
- Théo ... au cours élémentaire. Théo ... Rachida bavardent.
- J'ai apporté des bananes ... du raisin. Le raisin ... sucré.
- Il aime la lecture ... l'écriture. La lecture ... terminée.
- Mon chien ... très gentil. Mon chien ... mon chat jouent.

... /10

▶**87** **Complète ces phrases par et ou est.**
Mange ta viande ... ta purée. • Le cèdre ... un arbre. • ...-il trop tard ? • Cette nappe ... belle ... pratique. • L'escalier ... étroit ... un peu raide. • La plage n'... pas propre. • Le moteur ... les freins sont neufs. • Ferme la porte ... les volets.

... /10

PAR ♥

une **p**a**ire**	tenir	vider	un **ti**tre	**plan**ter
une **pl**a**ine**	une ten**ue**	vide	une **tran**che	un pique**t**

29 a / à

OBSERVE

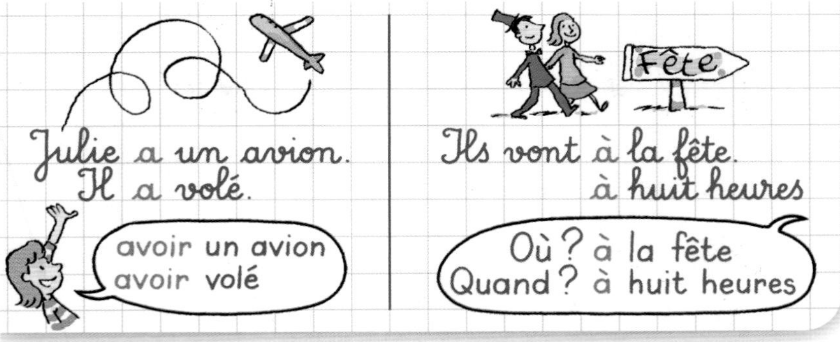

RETIENS

- **a** (sans accent), c'est le verbe **avoir** à la 3e personne du singulier du présent : *il a, elle a, on a.*
  Il peut être conjugué avec un verbe : *il a volé.*
- **à** (avec un accent grave) est un petit mot **invariable**.

88 **Pour chaque phrase, écris l'expression construite avec avoir.**

Ex. : *Julie a un avion.* → ***avoir un avion.***

Ce bateau a deux voiles. • Axel a des jouets. • On a coupé le pain. • La poire a des pépins. • Ce chat a soif. • Mon voisin a des lapins. • On a marqué un but. • Ce tablier a une poche. • Il a poussé un cri. • Nadine a verni le portail. Corrigé p. 124 ... /10

89 **Remplace les mots *en italique* par a ou à.**

Capucine *avait* trop mangé. • Papa travaille *pour* la banque. • Elles jouent *avec* la balle. • On *avait* ajouté du sel. • L'araignée *possède* huit pattes. • Il réclame *de quoi* boire. • La cane *aura* pondu ses œufs. • Voilà un piège *pour* souris. • Il part *vers* six heures. • On *avait* vu un lion. ... /10

90 **Complète ces phrases par a ou à.**

Le canard ... un bec plat. • ...-t-il lavé sa voiture ? • C'est un bateau ... vapeur. • Je pense souvent ... Katia. • Grand-mère n' ... pas pelé les pommes. • ... l'école, on ... appris ... grimper ... la corde. • ...-t-elle préparé le voyage ? ... /10

OBSERVE

un âne
C'est son âne.

C'est le sien.

son **NOM**

Tous les deux,
ils sont contents.

être content

ils
elles **sont**

ÊTRE

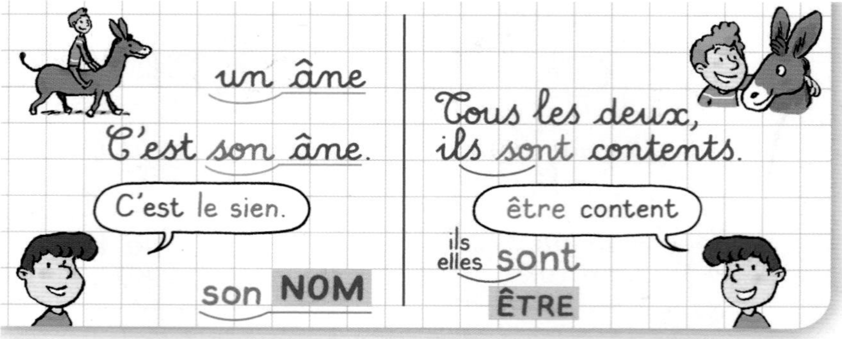

RETIENS

- **son** accompagne toujours un nom au singulier. Il veut dire **le sien** : *son âne*.
- **sont**, c'est le verbe **être** à la 3e personne du pluriel au présent de l'indicatif : *Ils sont contents*.

91 **Remplace son par un ou une.**

son pantalon, son regard, son aile, son nom, son ardoise, son oncle, son tableau, son garage, son métier, son idée.

Corrigé p. 124 ... /10

92 **Pour chaque phrase, écris l'expression construite avec être.**
Ex. : *Ils sont contents* → ***être contents.***

Ils sont arrivés. • Les voitures sont au parking. • Les pâtes sont cuites. • Ces rivières sont claires. • Ces rats sont gros. • Les nuits sont fraîches. • Mes semelles sont usées. • Les loups sont rares. • Ils sont à l'école. • Elles sont là. ... /10

▶**93** **Complète ces phrases par son ou sont.**

Elle aime ... chien. • ... autobus a du retard. • Les clous ... rangés dans le tiroir. • Les directeurs ... en réunion. • Ces fruits ne ... pas lavés. • Le soir, il garde ... frère. • Elle préfère ... écharpe rouge. • Les magasins ... fermés. • Bébé réclame ... biberon. • Les merles ... des oiseaux noirs. ... /10

PAR ♥

rare une asper**ge** une bo**tt**e une **é**charpe
pro**pre** un ouvra**ge** une bo**tt**ine une **é**pingle

31 ou / où

OBSERVE

RETIENS

- **ou** (sans accent) marque un choix entre deux choses, deux personnes ou deux animaux : *une guitare **ou** un violon.*
- **où** (avec un accent grave) exprime une idée de lieu. ***Où** va-t-il ?* veut dire : *À quel endroit va-t-il ?*

94 **Complète par ou ou bien par où.**

Ex. : *... est ta casquette ?* → ***Où** est ta casquette ?*

des livres ... des disques
... veux-tu aller ?
des bonbons ... un gâteau
Je devine ... il est parti.
une pioche ... une pelle
un chaton ... un petit chien
D'... vient-elle ?
... est votre garage ?
Bois du lait ... de l'eau.
J'écrirai ... je téléphonerai.

Corrigé p. 124 ... /10

95 **Remplace ce qui est *en italique* par ou ou par où.**

Il devait répondre : vrai *ou bien* faux. • *Dans quelle maison* se sont-ils installés ? • J'hésite : cette veste *ou bien* ce blouson ? • Iras-tu à Nantes en train *ou bien* en voiture ? • Je sais *à quel endroit* ils se cachent. ... /5

▶ **96** **Complète ces phrases par ou ou bien par où.**

Préfères-tu rester avec maman ... aller faire les courses avec papa ? • Dis-moi ... tu as acheté ce jeu. • Nous irons à la mer ... à la montagne. • C'est le quartier ... je suis né. • ... as-tu trouvé ces feutres ? ... /5

32 ce, cet, cette, ces

OBSERVE

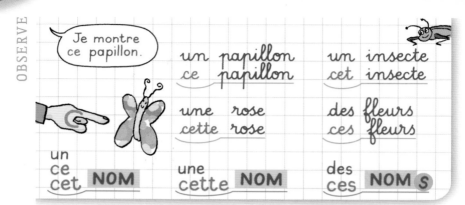

	un papillon ce papillon	un insecte cet insecte
	une rose cette rose	des fleurs ces fleurs
un ce cet **NOM**	une cette **NOM**	des ces **NOM s**

RETIENS

- **ce, cet, cette** et **ces** expriment l'idée de montrer.
- Après **ce** et **cet**, le nom est masculin singulier : *ce papillon, cet insecte.*
- Après **cette**, le nom est féminin singulier : *cette rose.*
- Après **ces**, le nom est au pluriel : *ces fleurs.*

97 **Remplace un, une, des par ce, cette ou ces.**

Ex. : *un papillon* → ***ce*** *papillon.*

une abeille, des jouets, un banc, des gilets, des miettes, une place, un trésor, une vitrine, des fenêtres, un litre.

Corrigé p. 124 ... /10

98 **Remplace un et une par cet ou cette.**

Ex. : *un insecte* → ***cet*** *insecte.*

une idée, un abricot, un âne, une autruche, une histoire, un homme, un ouvrier, une échelle, un escalier, une oreille.

... /10

▶ **99** **Complète ces phrases par ce, cet, cette ou ces.**

... étoile brille beaucoup. • ... gardiens sont sérieux. • Ferme ... robinet. • ... escargot s'est promené sur la vitre. • Je choisis ... veste. • Comme ... garçon est gentil ! • ... violettes sont jolies dans ... vase. • Suce ... pastille pour la gorge. • Il a fait très froid ... hiver.

... /10

33 ces / ses

OBSERVE

Je veux acheter ces livres pour Marie.

ces NOMs

Maintenant, ce sont ses livres.

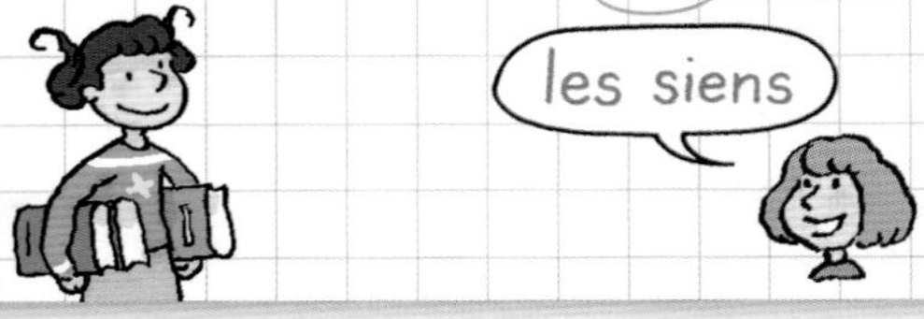

ses NOMs

RETIENS

- **ces** exprime l'idée de montrer. C'est le pluriel de **ce**, **cet**, **cette**.
- **ses** exprime l'idée de posséder. C'est le pluriel de **son** ou de **sa**.

100 **Remplace ce, cet et cette par ces, puis accorde le nom.**

Ex. : *ce livre* → ***ces*** *livre**s**.*

cette fenêtre, ce village, cet orage, cette abeille, ce menu, ce film, cette chenille, ce magasin, cet avion, ce pays.

Corrigé p. 124 ... /10

101 **Remplace son et sa par ses, puis accorde le nom.**

Ex. : *son cahier* → ***ses*** *cahier**s**.*

sa raquette, son pied, son poisson, sa leçon, sa fille, son fils, son ourson, sa machine, sa réunion, son problème. ... /10

▸**102** **Complète ces phrases par ces ou ses.**

J'aime le raisin mais pas ... pépins. • Jette ... miettes aux moineaux. • Il m'a présenté à ... amis. • ... majuscules sont difficiles à tracer. • Jean a retrouvé ... copains. • Toutes ... odeurs de fleurs sont agréables. • Mon chat n'aime pas qu'on touche à ... moustaches. • Regarde ... étoiles comme elles brillent. • Il prête ... jouets à ... sœurs. ... /10

PAR ❤

une rai**e**	le regar**d**	un pla**t**	le r**ai**sin
une rou**e**	un pie**d**	la v**ian**de	le pl**ai**sir

34 ce / se

OBSERVE

Je montre ce jouet.
ce jouet
un jouet
ce NOM
Il s'agit de se laver.
C'est ce qu'il fait.
Il se lave.
se laver
se VERBE

RETIENS

- **ce** fait partie d'un groupe du nom. Il accompagne un nom masculin singulier. Il exprime l'idée de montrer : *ce jouet.*
- **se** fait partie d'un verbe. Dans *il se lave*, il y a le verbe *se laver.*

103 **Remplace un par ce.**

un bâton, un dessin, un castor, un pêcheur, un lavabo, un nombre, un nid, un vase, un poirier, un piquet.

Corrigé p. 124 ... /10

104 **Pour chaque phrase, écris le verbe avec se.**

Ex. : *Arthur se lave.* → ***se laver.***

Les enfants se cachent. • Les chats se fatiguent vite. • Il se lève tôt. • Elle se moque de lui. • Il se croit fort. • Maman ne se trompe pas. • Il se tient droit. • Cette voiture se vend bien. • On se sauve en courant. • Les élèves se disputent.

... /10

▶ **105** **Complète ces phrases par ce ou se.**

Il ... perd toujours. • ... plat est en argent. • Répare vite ... robinet. • Elle ... rend à Lille en voiture. • Le boxeur ... relève. • Elle ... tourne vers eux. • Il dit que ... trésor est à lui. • Ils ... rappellent leurs vacances. • Mon oncle ... réveille à six heures. • Qui a creusé ... grand trou ?

... /10

35 se, s'est

OBSERVE

Il se couche. — se coucher

Il s'est couché. — se coucher

se
s'est **VERBE**

RETIENS

- **se** fait partie d'un verbe. Dans *il se couche*, il y a le verbe *se coucher*.
- **s'est** fait aussi partie d'un verbe. On retrouve **se** (ou **s'**) en cherchant l'infinitif. Dans *il s'est couché*, il y a le verbe *se coucher*.

106 **Écris les verbes de ces phrases à l'infinitif.**

Ex. : *Il s'est couché.* → ***se coucher***.

Elle s'est levée tard.	Il s'est rendu utile.
Ma sœur s'est mariée.	Elle s'est vite relevée.
On s'est mis au travail.	Il s'est penché par la fenêtre.
Il s'est promené seul.	L'âne s'est approché de moi.
Bébé s'est endormi.	Le robot s'est dirigé vers lui.

Corrigé p. 124 ... /10

▸ **107** **Cherche le verbe de chaque phrase, puis écris-le à l'infinitif.**

Le chat s'est lancé à sa poursuite. • Clara s'est reposée un moment. • Cela s'est produit vers minuit. • Il ne s'est pas trompé. • Manon s'est bien amusée. • Le pigeon s'est envolé du balcon. • Le nouveau maître s'est présenté à la classe. • Il s'est rendu à son travail à pied. • Marie ne s'est pas encore coiffée. • On s'est assis sur un banc.

... /10

PAR ❤

rencontrer	répondre	une ban**que**	une so**mm**e
une rencontre	une répon**se**	une pla**que**	une go**mm**e

36 c'est / cet, cette

OBSERVE

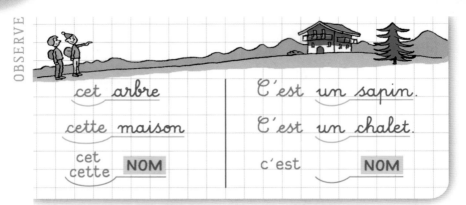

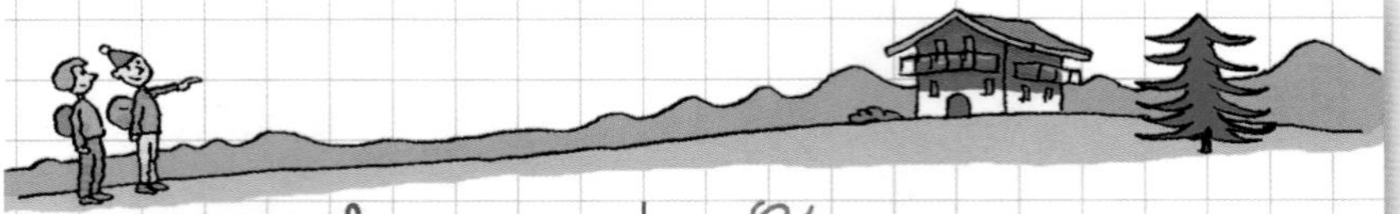

cet arbre	C'est un sapin.
cette maison	C'est un chalet.
cet / cette NOM	c'est NOM

RETIENS

- **c'est** est suivi d'un groupe du nom qui commence par un déterminant : *c'est un sapin, c'est un chalet.*
- **cet** et **cette** font partie du groupe du nom : *cet arbre, cette maison.*

108 **Complète par cet, cette ou c'est.**

... animal
... un animal
... une fleur
... fleur

... fusée
... une fusée
... couverture
... voiture

... ma voiture
... sa couverture

Corrigé p. 124 ... /10

109 **Complète par cet, cette ou c'est.**

... ma mère • ... machine • ... âne • ... la cuisine • ... tache • ... ouvrier • ... un écolier • ... un lapin • ... chapelle • ... son oncle. ... /10

110 **Complète ces phrases par cet, cette ou c'est.**

Elle travaille dans ... boutique. • Attention à ... escalier ! • ... un temps orageux. • ... salière est vide. • ... homme est son père. • ... personne m'a aidé. • ... un bonnet de bain. • ... lettre m'appartient. • Demain, ... la fête ! • Je crois que ... un aigle. ... /10

PAR ❤

une vitre	une mati**è**re	une **br**ioche	de la p**ei**ne
une vitr**ine**	un si**è**ge	une pie**rr**e	une corb**eille**

37 c'est / s'est

OBSERVE

C'est un canard.

c'est un / une NOM

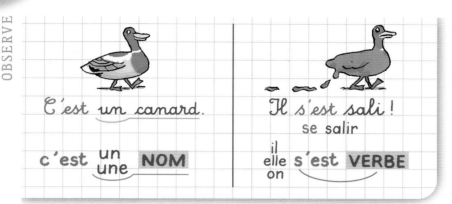

Il s'est sali !
se salir

il / elle / on s'est VERBE

RETIENS

- **c'est** est souvent suivi d'un groupe du nom : *c'est un canard.*
- **s'est** accompagne toujours un verbe : *Il s'est sali (se salir).*

111 Remplace les mots *en italique* par c'est.

Voici le journal d'hier. • *Regarde* mon livre. • *Montre-moi* la sortie. • *Voilà* le vent qui se lève. • *Voici* une grenouille verte.

Corrigé p. 124 ... /5

112 Complète ces phrases par c'est ou s'est.

... une belle soirée.	... un piège à loups.	Ma sœur ... levée.
Il ... remis à courir.	Elle ... endormie.	... du jus de fruit.
... un œuf de caille.	... un petit bureau.	... un os de gigot.

L'histoire ... passée hier.

... /10

113 Complète ces phrases par c'est ou s'est.

Regarde, ... le pilote de l'avion. • Tiens, ... ta photo. • La chatte ... cachée. • ... un élève du cours élémentaire. • On ... réveillé quand le coq a chanté. • Elle pense que ... un renard. • On dit que ... une course importante. • Il ne ... jamais perdu dans Paris. • ... une route en zigzag. • On ... bien préparé pour le match.

... /10

AR ❤

élément**ai**re	un renar**d**	une **h**istoire	prati**que**
un capit**ai**ne	un canar**d**	un bur**eau**	un ris**que**

38 on / ont

OBSERVE

Il joue.
On joue aussi.
Nous jouons.
on VERBE
Ils ont des feutres.
Ils ont dessiné.
Il s'agit d'avoir des feutres, d'avoir dessiné.
ils
elles
ont
AVOIR

RETIENS

- **on** est un pronom personnel, comme **il** ou **elle**. C'est toujours le sujet d'un verbe conjugué au singulier : *on joue*.
- **ont**, c'est la 3e personne du pluriel du verbe **avoir** au présent. Il peut aussi être conjugué avec un verbe : *ils ont dessiné*.

114 **Remplace le pronom on par il ou elle.**

Ex. : *On joue.* → ***il*** *joue* (ou : ***elle*** *joue*).

On travaille bien. • On frappe à la porte. • On a distribué les lettres. • On pensait souvent à vous. • On lira demain.

Corrigé p. 125 ... /5

115 **Pour chaque phrase, écris l'expression construite avec avoir.**

Ex. : *Ils ont dessiné un arbre.* → ***avoir dessiné.***

Elles ont cousu les boutons. • Ils ont une maison. • Elles ont pris les clés. • Ils ont ouvert la porte. • Ils ont réussi. ... /5

▸ **116** **Complète ces phrases par on ou par ont.**

... a parlé de toi. • Ses fils ... la grippe. • Les soldats ... défilé. • ... a lu ta carte. • Dans le pré, ... a vu un lièvre. • ... suit le guide. • Ces plantes n'... pas été arrosées. • Ses chiens m'... réveillé ce matin. • Hier, ... a mangé des crêpes. • Deux agents ... arrêté la circulation. ... /10

PAR ❤

une bille	le ch**ef**	un agen**t**	la mout**ar**de
de l'**en**cre	un verg**er**	un solda**t**	un g**ar**de

39 leur / leurs

un chat
leur chat

des chats
leurs chats

Il *lui* donne du lait.

donner

Il *leur* donne du lait.

donner

leur
leurs NOM **s**

leur VERBE

■ **leur** fait partie du groupe du nom, comme **un** ou **une**. Quand le nom est au pluriel, on écrit **leurs** : *leurs chats (plusieurs chats)*.

■ Le pronom **leur** est toujours placé avant un verbe. Il désigne plusieurs personnes ou plusieurs animaux. C'est le pluriel de **lui**.

117 **Remplace un, une et des par leur ou leurs.**

un gardien, une réponse, des ongles, un bureau, des chants, des racines, des balles, une lettre, des becs et des ailes.

Corrigé p. 125 ... / 10

118 **Écris leur ou leurs avant chaque nom.**

billet, mouchoirs, proposition, pendules, cadeau, pantalons, explications, oiseaux, balcon, garage. ... / 10

▶**119** **Complète ces phrases par leur ou leur(s).**

Je ... prête mes disques. ● Ils aiment ... chiens. ● Les deux frères jouent avec ... circuit. ● Les élèves ont terminé ... dessins. ● Ce sont ... grands-parents qui les gardent. ● Maman ... a promis un jeu vidéo. ● Kévin et Adam ont montré ... cochon d'Inde à ... camarades. ● Ne ... dis pas ce que je vais ... acheter : c'est une surprise. ... / 10

PAR

| une **ré**union | la p**eau** | un rond | un on**gle** |
| un pantalon | un tabl**eau** | une rond**elle** | un ai**gle** |

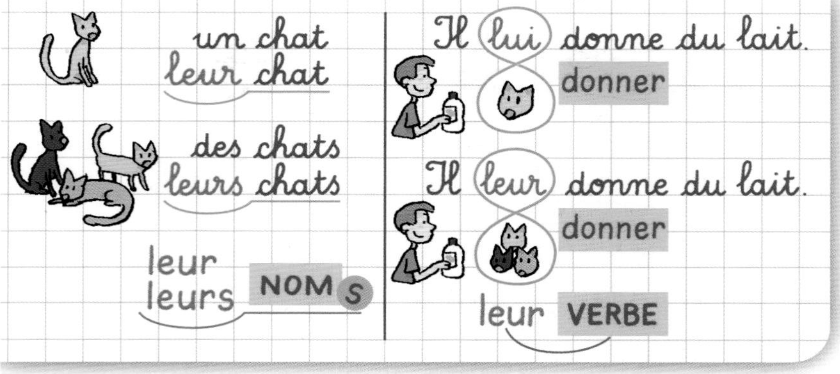

40 tout, tous, toute, toutes

OBSERVE

tout le matin
toute la journée

tous les jours
toutes les semaines

tout le / toute la NOM

tous les / toutes les NOM S

RETIENS

- **tout** placé avant le groupe du nom s'accorde avec le nom.
- Au masculin, on écrit **tout** au singulier et **tous** au pluriel.
- Au féminin, on écrit **toute** au singulier et **toutes** au pluriel.

120 **Écris le groupe du nom qui va avec tout, tous ou toute(s).**

Le gardien vient tous les jours. • Lucie a rangé toutes les balles. • Il gèle tous les hivers. • J'ai vu tout le spectacle. • La tortue a mangé toute la salade.

Corrigé p. 125 ... /10

121 **Complète par tout, tous, toute ou toutes.**

tous les joueurs	... le monde	... le secret
... les garçons	... les hommes	... la nuit
... la famille	... la maison	... les cachettes
... les filles	... le placard	

... /10

122 **Complète ces phrases par tout, tous, toute ou toutes.**

Voici ... mes amis. • N'écoute pas ... ces histoires. • Il rit ... le temps. • Mamie a acheté ... la laine rouge ! • ... les directions y mènent. • Tu feras cuire ... la pâte. • Les voilà ... les trois. • J'ai utilisé ... le vinaigre. • On m'a dit ... vos qualités. • On connaît ... les voisins. ... /10

PAR ❤

de la pâte	un insecte	une fabrique	un tigre
une pêche	un magasin	fabriquer	le vinaigre

41 le singulier et le pluriel des noms

OBSERVE

un mouton	des moutons
un seul	plusieurs
singulier	pluriel
un NOM	des NOM S

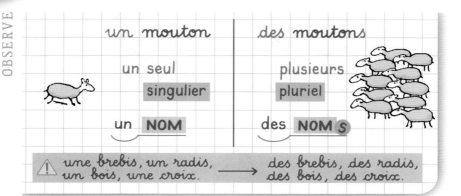

⚠ une brebis, un radis, un bois, une croix. ⟶ des brebis, des radis, des bois, des croix.

RETIENS

- On écrit **le pluriel** en ajoutant un **s** à la fin du nom : *des moutons.*
- Si le nom se termine déjà au singulier par **s** (ou **x**, ou **z**), il ne change pas au pluriel : *une brebis, des brebis ; une croix, des croix.*

123 **Écris ces noms au singulier.**

Ex. : *des moutons* → ***un*** *mouton.*

des épingles, des bouquets, des timbres, des croix, des fruits, des vendeurs, des brebis, des rochers, des radis, des plats.

Corrigé p. 125 ... /10

124 **Écris ces noms au pluriel.**

Ex. : *un pré* → ***des*** *pré**s**.*

une sardine, une vipère, un voyageur, un nid, un moteur, un bois, un escargot, une échelle, un instrument, un magasin.

... /10

▸**125** **Écris ces noms au singulier ou au pluriel.**

ma raquette	→ mes ...	cet ...	→ ces escaliers
ton chant	→ tes ...	cette ...	→ ces grenouilles
sa sottise	→ ses ...	la pièce	→ les ...
ce pantalon	→ ces ...	une ...	→ des pierres
un tabouret	→ des ...	une souris	→ des ...

... /10

PAR ❤

une sardine	un chan**t**	une so**tt**ise	le singulier
une vip**è**re	chanter	un escargo**t**	le pluriel

42 le pluriel des noms en **-eau** et **-al**

OBSERVE

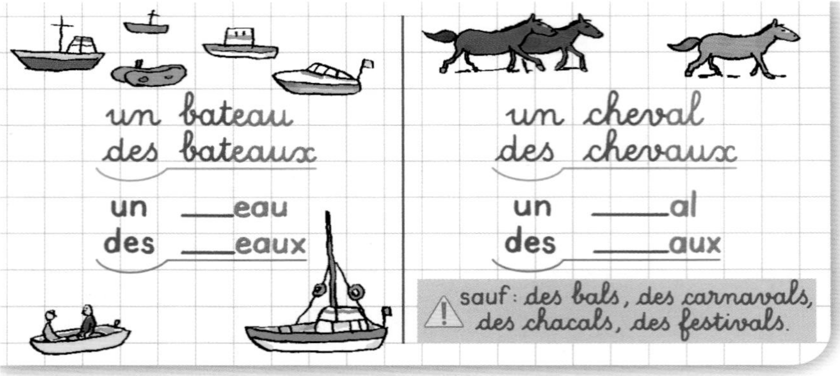

un bateau
des bateaux
un ___eau
des ___eaux
un cheval
des chevaux
un ___al
des ___aux
sauf : des bals, des carnavals, des chacals, des festivals.

RETIENS

- Les noms terminés par **-eau** ont un **x** au pluriel : *des bateaux*.
- Les noms terminés par **-al** s'écrivent **aux** au pluriel : *un cheval, des chevaux*.
  Sauf : *des bals, des carnavals, des chacals, des festivals*.

126 **Écris ces noms au pluriel.**

un chapeau, un journal, un lavabo, un carnaval, un oiseau, un robot, un bal, un corbeau, un canal, un couteau.

Corrigé p. 125 ... /10

127 **Écris ces noms au singulier.**

des tableaux, des poteaux, des animaux, des rideaux, des bureaux, des bocaux, des maux de tête, des chacals, des moineaux, des totaux.

... /10

▸ **128** **Complète ces noms par al, als, eau, eaux ou aux.**

un écriteau, des écrit...
un festival, des festiv...
un signal, des sign...
un agneau, des agn...
le métal, les mét...

un loc..., des locaux
un chameau, des cham...
un tribunal, des tribun...
un mart..., des marteaux
un taureau, des taur...

... /10

PAR ❤

un bal	un chap**eau**	un robo**t**	un film
un canal	un corb**eau**	le ven**t**	un motif
le carnaval	un cham**eau**	un momen**t**	une truite

43 le pluriel des noms en **-eu** et **-ou**

OBSERVE

un jeu
des jeux

un ___eu
des ___eux

⚠ sauf : des pneus, des bleus.

un trou
des trous

un ___ou
des ___ous

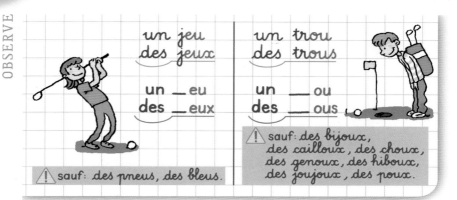

⚠ sauf : des bijoux, des cailloux, des choux, des genoux, des hiboux, des joujoux, des poux.

RETIENS

- Les noms terminés par **-eu** ont un **x** au pluriel : *des jeux*.
  Sauf : *des pneus, des bleus*.
- Les noms terminés par **-ou** s'écrivent **ous** au pluriel : *des trous*.
  Sauf sept noms : *des bijoux, des cailloux, des choux, des genoux, des hiboux, des joujoux, des poux*.

129 **Écris les noms au singulier.**

les fous et les cavaliers, des joujoux, des tatous, des choux, des feux de bois, des verrous, des aveux, des poux, faire des vœux.

Corrigé p. 125 ... /10

130 **Écris ces noms au pluriel.**

un trou, un clou, un jeu, la joue, un loup, un lieu, un hibou, un caillou, un pneu, un kangourou.

... /10

▶ **131** **Complète, soit au singulier, soit au pluriel.**

son neveu, ses nev...
un matou, des mat...
un bijou, des bij...
un bleu, des bl...
un long c..., des cous

un gen..., des genoux
un coucou, des couc...
un bamb..., des bambous
un cheveu, des chev...
un sou, des s...

... /10

PAR ❤

un lou**p**	un trou	de l'air	bleu	un **h**ibou
la jou**e**	un clou	en or	janvier	une croi**x**

44 le féminin des noms

OBSERVE

MASCULIN	FÉMININ
un garçon	une fille
le directeur	la directrice
un ami	une amie
un élève	une élève

RETIENS

- **Un nom est féminin** si on peut le dire avec **une** ou **la**.
- Le féminin est souvent différent du masculin correspondant *(un garçon, une fille)* ; la fin du mot peut changer *(le directeur, la directrice)* ; parfois, on ajoute simplement un **e** *(un ami, une amie)*.
- Le féminin peut s'écrire comme le masculin : *un élève, une élève*.

132 **Trouve le féminin qui correspond à ces noms masculins.**

le père, le frère, un homme, le marié, un chien, un ouvrier, un aviateur, un inspecteur, un joueur, mon cousin.

Corrigé p. 125 ... /10

133 **Trouve le masculin qui correspond à ces noms féminins.**

une reine, une voyageuse, une cane, ma tante, une lionne, la voisine, une ânesse, une poule, une artiste, une enfant.

... /10

▶ **134** **Écris le féminin de ces noms.**

le boulanger, un spectateur, monsieur, un pianiste, un cheval, un inconnu, le gardien, un lapin, le coiffeur, un prince. ... /10

PAR ❤

le masculin	un insp**ec**teur	un promen**eur**	la bou**e**
le féminin	un sp**ec**tateur	une promen**ade**	la soi**e**
le genre	une virgule	l'avia**tion**	une aile

45 le féminin des adjectifs

OBSERVE

MASCULIN	FÉMININ
Il est beau.	Elle est belle.
courageux	courageuse
gros	grosse
fort	forte
sauvage	sauvage

RETIENS

- **Le féminin d'un adjectif** est souvent différent du masculin *(beau, belle)*. Parfois, la fin du mot change *(courageux, courageuse ; gros, grosse)* ou on ajoute simplement un **e** *(fort, forte)*.
- Le féminin de certains adjectifs ne change pas du masculin correspondant *(un animal sauvage, une bête sauvage)*.

135 **Complète au féminin en utilisant l'adjectif *en italique*.**

un meuble *bas*, une table ... • un garçon *peureux*, une fille ... • un *nouveau* livre, une ... revue • un regard *vif*, une allure ... • un pantalon *léger*, une robe ... • un homme *seul*, une femme ... • un temps *orageux*, une journée ... • un animal *doux*, une bête ... • un homme *riche*, une personne ... • un sac *neuf*, une trousse ... . Corrigé p. 125 ... /10

136 **Écris les adjectifs au masculin ou au féminin.**

un flan *sucré*, une tarte ...
un lit *moderne*, une lampe ...
bon courage, ... chance
un ciel *pur*, une eau ...
un âne *gris*, une mule ...

une fille *soigneuse*, un enfant ...
un aliment *gras*, une viande ...
une fille *franche*, un garçon ...
un homme *actif*, une femme ...
un chat *curieux*, une chatte ...

... /10

PAR ❤

une autruche	menteur	seul	ver**t**, ver**te**
une **é**crevi**ss**e	ent**ier**	rude	une viol**ette**
une majuscule	enfantin	sup**er**be	une poch**ette**

46 l'accord des adjectifs

OBSERVE

un chapeau amusant
des gants amusants

une veste amusante
des chaussettes amusantes

c'est le chapeau
qui est amusant

c'est la veste
qui est amusante

ce sont les gants
qui sont amusants

ce sont les chaussettes
qui sont amusantes

un / des NOM s ADJECTIF s

une / des NOM s ADJECTIF e s

RETIENS

- **L'adjectif qualificatif** s'accorde toujours avec le nom auquel il se rapporte (avec **ce qui est**…).
- L'adjectif est au masculin ou au féminin. On ajoute un **s** au pluriel.

137 **Écris chaque groupe du nom avec le bon adjectif.**

des personnes	gentil	de l'herbe	sec
une dame	gentils	un temps	secs
un homme	gentille	des haricots	sèche
des voisins	gentilles	des noix	sèches
une vendeuse		des fruits	

Corrigé p. 125 … /10

138 **Complète avec les adjectifs *en italique* en les accordant.**

- Elle est sortie avec un short *bleu* et un pull *noir*.
  Il avait mis une chemise … et une veste … .
  Ils ont des chaussettes … et des chaussures … .

- C'est un garçon *adroit*.
  C'est une fille … .
  Ce sont des enfants … .
  Ce sont des joueuses … .

- Il a un vélo *neuf*.
  Elle a une voiture … .
  On loue des camions … .
  Ils ont deux motos … .

Corrigé p. 125 … /10

139 **Dans chaque colonne, utilise l'adjectif *en italique* pour compléter les noms. Pense à l'accorder.**

blanc	du pain …	*chaud*	des pulls …
	des cheveux …		des robes …
	une pierre …		des manteaux …
	des feuilles …		une veste …
	des fromages …		un bonnet …

… /10

140 **Écris cinq expressions en utilisant les noms de gauche et les adjectifs sur fond bleu. Accorde les adjectifs.**
Ex. : *des animaux (qui sont) sauvage**s**.*

des animaux		moderne	étrange
des histoires	*qui est*	sauvage	drôle
une caisse	*qui sont*	léger	rare
des bijoux		vide	rapide

… /5

▸ **141** **Complète ces phrases en accordant les adjectifs.**

Ils ramassent des pierres rond… . • Elle a les cheveux très long… . • Le dimanche, il mettait de beau… habits. • Des nuages gris… glissaient dans le ciel. • Le renard disparut dans les haut… herbes. • Achète des tomates bien rouge… . • Il porte sa chemise usé… . • Jules aime les plantes gras… . • Ta réponse n'est pas sot… . • Où sont les feutres noir… ?

… /10

▸ **142** **Accorde les adjectifs entre parenthèses.**

C'est une brouette *(léger)*. • Il cultive de *(beau)* roses. • La couchette est un peu *(dur)*. • Ces confitures sont très *(sucré)*. • Rangez les assiettes *(plat)*. • Cette épingle est vraiment *(pointu)*. • C'était une *(joli)* locomotive. • Le bébé pleurait à *(chaud)* larmes. • Les raisins sont encore *(vert)*. • On s'achètera des outils plus *(pratique)*.

… /10

PAR ❤

vi**s**ible	dur	étran**ge**	grave
invi**s**ible	pur	in**j**uste	jeune
un ad**j**ectif	noir	matinal	moderne

47 l'accord sujet-verbe

OBSERVE

Youki et Pompon jouent.
1 + 1 = 2

Ils ne se battent pas.

Un enfant regarde.

Qui est-ce qui joue? Qui est-ce qui ne se bat pas?
PLURIEL
Qui est-ce qui regarde?
SINGULIER

RETIENS

- **Le verbe s'accorde** toujours **avec son sujet**.
- Si le sujet est au singulier, le verbe est au singulier.
  Si le sujet est au pluriel, le verbe est au pluriel.
- Quand il y a deux sujets au singulier, le verbe est au pluriel.
- Le pluriel des verbes est marqué par les lettres **ent** :
  ils jouent, ils se battent.

143 **Relie les sujets et les verbes qui vont ensemble, puis écris les phrases obtenues.**

Les élèves Le capitaine Mon camarade Le gardien Les joueurs	écoute. écoutent.	Martin Léa et Sandra David et Zoé Ma sœur Mes frères	répond. répondent.

Corrigé p. 125 ... /10

144 **Accorde chaque verbe avec son sujet.**

Ex. : *Paul et Jean aim... le sport.* → *Paul et Jean aim**ent** le sport.*

Ces vieilles voitures ne roul... plus. • Clémentine et Hugo se sauv... . • Denis ferm... le garage. • Les pêcheurs ne sort... pas du port ce matin. • Ces canards ne vol... pas. • Mon oncle et ma tante vienn... nous rendre visite. • Le chaton saut... sur le canapé. • Les feuilles ne tomb... pas encore. • Les oreilles du lapin ne boug... pas. • Ces pastilles fond... à la chaleur.

... /10

145 **Écris tous les pronoms personnels (je, tu, il, etc.) qui peuvent être les sujets des verbes suivants.**

Ex. : *... partagent la galette.* → ***ils*** *partagent,* ***elles*** *partagent.*

... te donne un disque. • ... lavaient les vitres. • ... ne travaillez plus. • ... ne finis pas la soupe. • ... ne mélangeons pas les jaunes et les blancs des œufs.

Corrigé p. 125 ... /10

146 **Complète par Tom ou bien par Marie et Julie.**

... sautent à la corde. • ... dessinent la lune. • ... s'approche à pas de loup. • ... fabriquent un pantin. • ... ne se disputent jamais. • ... se cache sous le lit. • ... passe le permis de conduire. • ... savent faire des divisions. • Souvent, ... lave la vaisselle. • ... s'entraînent au judo. ... /10

▸ **147** **Accorde chaque verbe entre parenthèses avec son sujet.**

Cet enfant ne *(pleurer)* jamais. • Est-ce que les ours *(manger)* du miel ? • Le chien et le chat *(dormir)* ensemble. • Les moucherons *(tourner)* autour de la lampe. • Mon frère et mon cousin *(regarder)* le match. • Son chien ne *(grogner)* pas. • Est-ce que les jouets *(coûter)* cher ? • Le corbeau et le merle *(s'envoler)*. • Les pêcheurs *(se réunir)* à 17 heures. • Les miettes de pain *(attirer)* les oiseaux. ... /10

▸ **148** **Accorde chaque verbe entre parenthèses avec son sujet.**

Ces joueurs *(porter)* des maillots verts. • Le prince et la princesse n'*(aimer)* pas la sorcière. • On l'*(obliger)* à rester. • Mon père et ma mère *(travailler)* le samedi. • Les deux sœurs ne *(se ressembler)* pas. • Elle n'*(écouter)* jamais la radio. • Ce soir, les voitures n'*(avancer)* pas vite. • Les élèves *(aimer)* la musique. • Papa *(éplucher)* souvent les légumes. • Mathieu et Margot *(jouer)* de la guitare. ... /10

PAR ❤

diriger	dire	tirer	pleurer
mélanger	conduire	diviser	laver
un mélange	la conduite	une division	le lav**age**

48 l'accord du participe passé employé avec **être**

OBSERVE

Les enfants sont sortis.
La pluie est tombée.
Ce sont les enfants
qui sont sortis.
C'est la pluie
qui est tombée.
un garçon est sorti
une fille est sortie
des garçons sont sortis
des filles sont sorties
être + participe passé e s es
AUXILIAIRE

RETIENS

- **Le participe passé** employé avec l'auxiliaire **être** s'accorde en genre et en nombre avec le sujet du verbe (avec **ce qui est**…).
- On ajoute un **e** au féminin et un **s** au pluriel.

149 **Pour chaque phrase, écris seulement le verbe et son sujet, puis souligne ce qui est revenu.**

Ex. : *Cet hiver, les loups sont revenu**s** dans la vallée.*
→ *les loups sont revenus (Ce sont les loups **qui sont** revenus.)*

Ma mère est revenue du marché. • Les filles sont revenues à pied. • Les gens sont revenus dans l'après-midi. • Ma sœur était revenue avant moi. • L'inspecteur est revenu à l'école.

Corrigé p. 125 … /5

150 **Accorde chaque participe passé en t'aidant de la question entre parenthèses.**

Ex. : *Les cigognes sont parti… en Afrique. (Qui est parti ?)*
→ *Les cigognes sont parti**es** en Afrique.*

Une chienne a été perdu… près du bureau de poste. *(Qui a été perdu ?)* • Les tiges sont coupé… par la fleuriste. *(Qu'est-ce qui est coupé ?)* • Une villa sera loué… cet été pour un film. *(Qu'est-ce qui sera loué ?)* • Les devoirs sont fini… à l'étude. *(Qu'est-ce qui est fini ?)* • Les vitres seront lavé… chaque semaine. *(Qu'est-ce qui sera lavé ?)*

Corrigé p. 125 … /5

151 **Écris toutes les phrases possibles en respectant les accords.**

Elle est Elles sont Il est Ils sont Sophie est	arrivé. arrivé**e**. arrivé**s**. arrivé**es**.	Mes oncles étaient Mon cousin est Ma tante est Mes cousines sont Mes parents étaient	resté. resté**e**. resté**s**. resté**es**.

... /10

▶ **152** **Souligne le sujet du verbe, puis complète le participe passé.**

Ex. : *Les portes sont déjà fermé... .*

→ *Les portes sont déjà fermé**es**.*

Lisa est maintenant devenu... sage. • Les enfants sont tous sorti... dans la cour. • Sa cachette a été trouvé... . • Le taureau est entré... dans l'arène. • Les moteurs seront démonté... avec soin. • Les clowns sont reparti... . • Deux coureurs se sont échappé... . • Elle était allé... se coucher. • Les pommes étaient épluché... pour la compote. • Les joueurs sont bien dirigé... par leur entraîneur. ... /10

▶ **153** **Accorde les participes passés en cherchant bien ce qui est.**

La hauteur est encore limité... ! • Ce miel sera récolté... au mois d'août. • Les pelouses sont bien entretenu... . • Nicolas, la leçon n'est pas terminé... ! • Deux écriteaux sont pendu... sous le préau. • La porte sera réparé... aujourd'hui. • Les cartes étaient rangé... dans le tiroir. • Les chatons étaient endormi... sur le lit. • Ces feuilles seront donné... aux parents. • Les canards seront enfermé... avant la nuit.

... /10

PAR ❤

le mar**i**	un li**qu**ide	une jumen**t**	une boulanger**ie**
le n**ez**	la fati**gu**e	un gil**et**	un fleuriste
le c**ou**	la lan**gu**e	une **ger**be	une d**é**couv**er**te

49 l'accord du participe passé employé avec **avoir**

OBSERVE

Ils sont montés à l'échelle.

ÊTRE — être + V_é (e, s, es)

Ils ont trouvé un nid.

AVOIR — avoir + V_é

Jamais d'accord avec le sujet.

RETIENS

- **Le participe passé** employé avec l'auxiliaire **avoir** ne s'accorde jamais avec le sujet du verbe : *ils ont trouvé.*

154 **Écris toutes les phrases possibles en respectant les accords. Regarde bien l'auxiliaire avant de répondre.**

Ex. : *Elle a + joué.* → *Elle a joué.* (auxiliaire *avoir*)

Ils ont		joué.
Ils sont	Elle est	venu**e**.
Vous avez	Elle a	venu**s**.
Nous avons		

Corrigé p. 125 ... /5

155 **Accorde les participes passés employés avec être, mais pas ceux employés avec avoir.**

avoir couru → Deux joueurs ont cour... vers leur capitaine.
être mangé → Cette dinde sera mang... pour Noël.
être tombé → La neige est tomb... pendant la nuit.
avoir brossé → La fillette a bross... ses cheveux.
avoir averti → Les enfants avaient avert... leurs copains.

... /5

PAR ❤

un moin**eau**	une mou**ette**	No**ë**l	une id**ée**
un écrit**eau**	une maisonn**ette**	le miel	une entr**ée**
une **é**pine	des lun**ettes**	le sel	la ros**ée**

50 l'accord des participes passés : principe général

OBSERVE

Ces pantins sont drôles.
qui sont
Ce sont les pantins que maman a fabriqués.
qui sont
Qu'est-ce qui est drôle ? Qu'est-ce qui est fabriqué ?
J'accorde avec ce qui est.
Ce sont les pantins qui sont drôles, qui sont fabriqués.

RETIENS

- **Un participe passé s'accorde avec ce *qui est*…**, comme un adjectif, mais seulement **si on a déjà écrit ce *qui est*** quand on écrit le participe passé.
- On ajoute alors un **e** au féminin et un **s** au pluriel.

156 **Réponds aux questions pour bien compléter et accorder.**

- Ces outils sont utile… . *(Qu'est-ce **qui est** utile ?)*
- Cette vitrine est bien décoré… . *(Qu'est-ce **qui est** décoré ?)*
- C'est le trésor qu'elle a trouvé… . *(Qu'est-ce **qui est** trouvé ?)*
- La banque est fermé… . *(Qu'est-ce **qui est** fermé ?)*
- Les filles se sont lavé… . *(Qui est-ce **qui est** lavé ?)*

Corrigé p. 125 … /5

▸**157** **Cherche bien ce qui est avant de compléter.**

- Juliette riait, amusé… par les chatons.
  *(**Qui est** amusé ?)*
- Ces jouets, je les ai gagné… à la fête.
  *(Qu'est-ce **qui est** gagné ?)*
- Ce sont les fleurs qu'elle a dessiné… .
  *(Qu'est-ce **qui est** dessiné ?)*
- Ce jour-là, Maria et Lisa s'étaient perdu… .
  *(**Qui était** perdu ?)*
- Range les œufs que j'ai acheté… .
  *(Qu'est-ce **qui est** acheté ?)*

… /5

l'infinitif

Elle achète un gâteau.

Elle choisit le plus gros.

Elle le prend.

Il s'agit de... quoi faire ?

Il s'agit de... quoi faire ?

Il s'agit de... quoi faire ?

d'acheter — INFINITIF

de choisir — INFINITIF

de prendre — INFINITIF

RETIENS

■ Un verbe a toujours un **infinitif**.

■ Quand on écrit un verbe, il faut penser à son infinitif.
On le trouve en se demandant : il s'agit de *quoi faire ?*
Elle achète → *il s'agit de quoi faire ? d'acheter* (infinitif).

158 **Complète les verbes à l'infinitif.**

arriv... à l'heure, rest... debout, ouvr... les yeux, voul... un jouet, parl... fort, atten... le métro, march... au pas, part... en avion, ren... service, sav... sa leçon.

Corrigé p. 125 7/10

159 **Écris l'infinitif des dix verbes qui sont *en italique*.**

L'orage *gronde*. • J'*écris* à mon frère. • On *fera* la vaisselle. • Elle *répond* correctement. • Tu *peux* réussir si tu *veux*. • Je te *cherchais* partout. • Ils *disent* la vérité. • Les veaux *grossissent* vite. • Elle *revenait* chaque jour. 7/10

▶160 **Écris l'infinitif des verbes *en italique*.**

Vas-tu à la piscine ? • Elle *viendra* à midi. • Il *veut* se coucher tôt. • On *voit* les montagnes. • Est-ce que je *mets* mes bottes ? • Il *buvait* du lait. • Je lui *tends* la main. • Je *crois* à cette histoire. • Vous *courez* vite. • On *posera* les sacs. 9/10

Bien

PAR ♥

| usé | un astre | vouloir | une case | une voile |
| l'usage | le ventre | valoir | une cuve | une toile |

52 la personne

OBSERVE

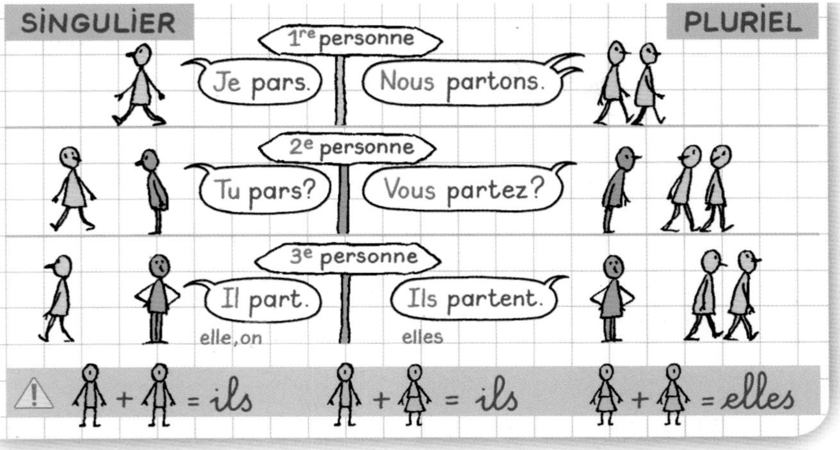

RETIENS

- Un verbe peut être conjugué à **trois personnes au singulier** : 1re personne (**je**), 2e personne (**tu**) et 3e personne (**il, elle, on**).
- Un verbe peut être conjugué à **trois personnes au pluriel** : 1re personne (**nous**), 2e personne (**vous**) et 3e personne (**ils, elles**).

161 **À quels noms sur fond bleu correspondent il(s) et elle(s) ?**

Elle arrive. Elles arrivent. Il arrive. Ils arrivent.	Julie Paul Julie et Paul Tom et Léo Julie et Nina	Il entre. Elle entre. Ils entrent. Elles entrent.	Papa mes sœurs Maman Maman et Papa Louis et Nadia

Corrigé p. 125 .../10

162 **Complète ces phrases par je, tu, nous ou vous.**

... viendrons dimanche, ont écrit Anne et Mathis. • Maman me demande : « Est-ce que ... as fermé la porte ? » • Comme ... voudrais être en vacances ! se dit Karim. • ... voulez venir chez moi ? demande Pierre à ses cousins. • ... as tout juste, a écrit la maîtresse sur le cahier de Carole. 4/5

Très bien !

PAR ❤

un paren**t**	une t**au**pe	un bill**et**	le bor**d**
un pi**é**ton	un t**au**reau	un broch**et**	la bordure
un patron	m**au**ve	un abrico**t**	le rebor**d**

53 le temps

OBSERVE

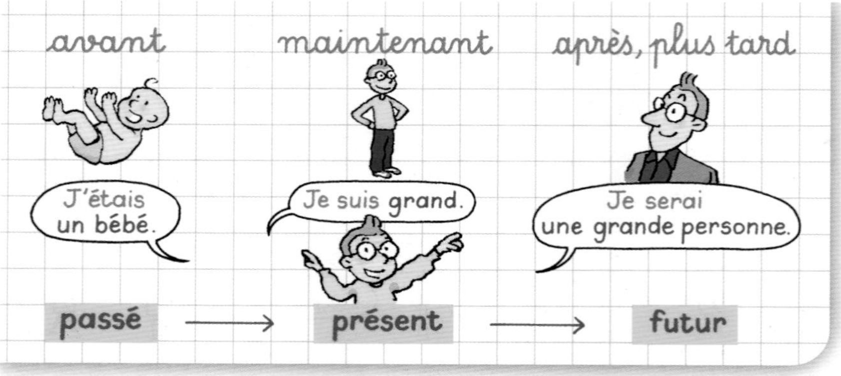

avant
maintenant
après, plus tard
J'étais un bébé.
Je suis grand.
Je serai une grande personne.
passé
présent
futur

RETIENS

■ Il faut toujours savoir à quel **temps** un verbe est conjugué :
– si l'action se passe *en ce moment*, le verbe est au **présent** ;
– si l'action *a déjà eu lieu*, le verbe est à un temps du **passé** ;
– quand l'action *aura lieu plus tard*, le verbe est au **futur**.

163 **L'action a-t-elle lieu dans le passé, le présent ou le futur ?**

Hier, on a visité une usine. • Demain, nous recevrons nos amis. • L'hiver prochain, j'irai skier. • Mardi dernier, nous sommes allés au cinéma. • Aujourd'hui, je suis à l'école. • Ce matin, papa a lavé la voiture. • En ce moment, il promène son chien. • L'an prochain, je serai au cours moyen. • Je me baignais souvent, l'été dernier. • Maintenant, j'aime bien lire.

Corrigé p. 126 9 /10 T.B.

▸164 **Pour chaque verbe *en italique*, indique si l'action a lieu dans le passé, dans le présent ou dans le futur.**

Quand j'étais petit, je *jouais* toujours. • Lorsque je serai grand, je *conduirai* un camion. • Couche-toi, *dit* maman. • Je te *donnerai* cette boîte quand elle sera vide. • Est-ce que tu *veux* du riz ? • Papa me *portait* sur ses épaules. • On t'*enverra* une carte. • Je me *suis regardée* dans le miroir. • Ils *habitent* ici. • Vous *oubliez* vos clés. 10 /10

T.B.

PAR ❤

le pass**é**	une parti**e**	un produi**t**	**sau**vage
pass**er**	parti**r**	prod**uire**	**sau**ver

54 être et avoir au présent de l'indicatif

> J'ai huit ans. Je suis grand.

avoir
j'ai
tu as
il a (elle a, on a)
nous avons
vous avez
ils ont (elles ont)

être
je suis
tu es
il est (elle est, on est)
nous sommes
vous êtes
ils sont (elles sont)

■ Au présent de l'indicatif, les verbes **avoir** et **être** s'écrivent :
– avoir : j'**ai**, tu **as**, il **a**, nous **avons**, vous **avez**, ils **ont** ;
– être : je **suis**, tu **es**, il **est**, nous **sommes**, vous **êtes**, ils **sont**.

165 **Complète ces phrases par le verbe avoir ou par le verbe être.**

Il ... un frère. • Nous ... contents. • Nous ... le temps. •
Ils ... huit ans. • Je ... curieux. • Elle ... amusante. •
Tu ... des billes. • J'... un piano. • Vous ... à la gare. •
Tu ... fort. Corrigé p. 126 7.. / 10

166 **Complète ces phrases par le verbe avoir ou par le verbe être.**

Les chevaux ... à l'écurie. • Nous ... un bassin avec
des poissons. • Cet homme ... vieux : il ... une canne. •
Vous ... plus grande que moi. • Ces lunettes ... en
plastique. • Tu ... un joli collier. • Vous ... une belle voiture. •
Nous ... chez mes grands-parents. • Elles ... au cinéma. ... /
8/10

▶167 **Complète ces phrases par ai (avoir), es ou est (être).**

Mon voisin est gentil. • Je n'ai pas de vélo. • Tu n'es pas
en avance ! • Cécilia es brune. • J'ai une boîte en bois. •
Il n'es pas encore là. • Elle n'est pas très sportive. •
Es tu peureux ? • Je n'ai plus d'encre. • est il bientôt midi ?
6/10

Dur, mais bien.

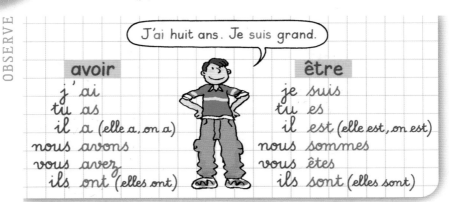

55 les verbes fondamentaux au présent de l'indicatif

OBSERVE

	donner		finir		venir
je	donn**e**	je	fini**s**	je	vien**s**
tu	donn**es**	tu	fini**s**	tu	vien**s**
il	donn**e**	il	fini**t**	il	vien**t**
nous	donnons	nous	fin**iss**ons	nous	venons
vous	donnez	vous	fin**iss**ez	vous	venez
ils	donnent	ils	fin**iss**ent	ils	vie**nn**ent
	faire		**dire**		**prendre**
je	fai**s**	je	di**s**	je	pren**ds**
tu	fai**s**	tu	di**s**	tu	pren**ds**
il	fai**t**	il	di**t**	il	pren**d**
nous	f**ai**sons	nous	disons	nous	prenons
vous	**faites**	vous	**dites**	vous	prenez
ils	font	ils	disent	ils	pre**nn**ent
	vouloir		**pouvoir**		**aller**
je	veu**x**	je	peu**x**	je	vai**s**
tu	veu**x**	tu	peu**x**	tu	va**s**
il	veu**t**	il	peu**t**	il	**va**
nous	voulons	nous	pouvons	nous	allons
vous	voulez	vous	pouvez	vous	allez
ils	veulent	ils	peuvent	ils	vont

RETIENS

- Le **présent** indique qu'une action a lieu au moment où l'on parle : *En ce moment, je lis la leçon.*

168 **Écris les verbes au présent de l'indicatif, à la 1re personne du singulier (je) et à la 1re personne du pluriel (nous).**

dire bonjour, *prendre* une photo, *vouloir* de l'eau, *finir* dans une heure, *faire* des bulles. Corrigé p. 126 ... /10

169 **Trouve les verbes qui contiennent un verbe du tableau ci-dessus.**

comprendre, courir, devenir, fabriquer, défaire, produire, définir, redire, partir, se souvenir, contredire, pardonner, s'enfuir, parler, conduire, refaire, boire, apprendre. ... /10

170 **Dans ces phrases, écris les verbes entre parenthèses au présent de l'indicatif.**

Je *(aller)* aussi vite que toi. • Dans ce jeu, le joueur *(donner)* sept cartes aux autres. • Ces touristes *(venir)* de très loin. • Nous *(apprendre)* toujours nos leçons après le goûter. • Vous *(pouvoir)* parler plus fort. • Je *(revenir)* en courant. • Tu *(dire)* ce que tu *(vouloir)*. • Ils *(aller)* partir en voiture. • Elles *(comprendre)* toujours tout !

Corrigé p. 126 8 /10

▸ **171** **Écris d'abord l'infinitif des verbes *en italique*, puis souligne les cinq verbes qui sont au présent de l'indicatif.**

Ces oranges *provenaient* du Maroc. • Je *finis* mes devoirs. • Est-ce que tu *viens* jouer avec nous ? • Les acheteurs *disent* que le produit *était* trop cher. • Vous *faites* beaucoup trop de bruit ! • Les voyageurs *prenaient* leurs valises et *s'en allaient* d'un pas rapide. • Il *voudrait* laver les vitres du magasin. • *Pouvons*-nous manger une choucroute ?

... /10

▸ **172** **Dans ce texte, souligne d'abord les verbes qui sont au présent de l'indicatif, puis écris leur infinitif.**

Arthur veut sortir la voiture du garage, mais il ne peut pas à cause d'un camion mal garé. Son père, qui était à la fenêtre, vient et prend le volant. Mais un vélo était contre le mur...
– Attention à mon vélo, papa ! dit Arthur qui se tient la tête à deux mains. Et tu vas sur le gazon !
– Tu te fais trop de souci, dit le père.
Et il finit par sortir la voiture du garage en roulant sur la pelouse...

7 /10

PAR ❤

per**dre**	ve**n**dre	un carn**et**	une chen**ille**
le perd**ant**	un v**en**deur	un livr**et**	une past**ille**
une perte	la v**en**te	le chocola**t**	la chev**ille**

56 le présent de l'indicatif (1)

OBSERVE

je joue
tu joues
il joue
nous jouons
vous jouez
ils jouent

verbes terminés par __er (comme jouer)

je __e
tu __es
il, elle, on __e
nous __ons
vous __ez
ils, elles __ent

RETIENS

■ Au **présent de l'indicatif**, les terminaisons des verbes en **-er** (comme *jouer*) sont : **-e, -es, -e, -ons, -ez, -ent**.

173 **Pour chaque verbe, écris toutes les personnes possibles.**

... approchent ... passons ... se sauve
... sonnes ... s'amusent ... dessinez.

Corrigé p. 126 .../10

174 **Quels verbes se conjuguent comme jouer ?**

danser, courir, sauter, bouger, rire, chanter, conduire, acheter, attendre, rester, donner, perdre, revenir, tourner, voler, vouloir, trouver. .../10

175 **Écris les verbes entre parenthèses au présent de l'indicatif.**

Il *(regarder)* des images. • Tu *(marcher)* vite. • La voiture *(reculer)*. • Vous *(partager)* la tarte. • Papa *(pêcher)* sur son bateau. • Il *(démonter)* son vélo. • Ils *(repasser)* de temps en temps. • Je te *(donner)* ce livre. • Nous *(fabriquer)* une échelle. • On *(se brosser)* les dents matin et soir. .../10

PAR ❤

écouter	cri**er**	une p**io**che	le ta**p**age
repa**ss**er	nou**er**	p**io**cher	ta**p**er

57 le présent de l'indicatif (2)

OBSERVE

Maintenant, en ce moment, je lis.

Elle lit, moi aussi.

Qu'est-ce que vous lisez ?

je lis
tu lis
on lit
nous lisons
vous lisez
ils lisent

verbes terminés par _ir, _oir, _re

je _s
tu _s
il, elle, on _t
nous _ons
vous _ez
ils, elles _ent

RETIENS

■ Au **présent de l'indicatif**, les terminaisons des verbes en **-ir** (comme *servir*), en **-oir** (comme *savoir*), en **-re** (comme *lire*) sont : **-s, -s, -t, -ons, -ez, -ent**.

■ Les verbes du 2ᵉ groupe (comme *finir*) font **-issons**, **-issez, -issent** aux personnes du pluriel : *nous finissons, vous finissez, ils finissent*.

176 **Pour chaque verbe, écris toutes les personnes possibles.**

... partez, ... dorment, ... vit, ... sais, ... conduisons, ... écrivez.

Corrigé p. 126 ... /10

177 **Complète les verbes par s ou t.**

Je ris fort. • Il rugit. • Tu le crois ? • Je vernis un pot. • Je bois du lait. • Elle me punit. • On s'enfuit. • Je m'endors. • On suit la route. • Tu écris bien. 10/10

▶ 178 **Écris les verbes entre parenthèses au présent de l'indicatif.**

Ils *(sortir)* du spectacle. • La souris *(s'enfuir)* devant le chat. • Vous *(grandir)* beaucoup. • Le poulet *(cuire)* dans le four. • Nous *(inscrire)* ton nom sur la liste. • Je t'*(avertir)* qu'on est frileux. • Elle *(vivre)* seule. • Tu *(rougir)* quand on te parle. • Nous *(courir)* très vite. • Je *(voir)* une chenille. ... /10

 PAR ♥ gar**nir** ru**gir** pu**nir** viv**re** croi**re** écri**re**

58 le présent de l'indicatif (3)

OBSERVE

Maintenant, en ce moment, tu attends?
Oui, j'attends.
Ils attendent.

j'attends
tu attends
elle attend
nous attendons
vous attendez
ils attendent

verbes terminés par __dre (comme attendre)
je __ds
tu __ds
il, elle, on __d
nous __ons
vous __ez
ils, elles __ent

RETIENS

■ Au **présent de l'indicatif**, les terminaisons des verbes en **-dre** (comme *attendre*) sont : **-ds, -ds, -d, -ons, -ez, -ent**.

179 **Pour chaque verbe, écris toutes les personnes possibles.**

... descend, ... répondez, ... vends, ... prennent, ... apprends.

Corrigé p. 126 ... /10

180 **Complète les verbes au présent de l'indicatif.**

Tu répon... vite.
On compren... bien.
Elle éten... la pâte.
Je cou... un bouton.
Il ton... l'herbe.

Elles perd... la partie.
La neige fon... au soleil.
Ils entend... la sonnette.
Nous attend... notre tour.
Je pren... un mouchoir.

... /10

181 **Écris les verbes entre parenthèses au présent de l'indicatif.**

Elles *(rendre)* les livres. • *(Vendre)*-vous des timbres ? • Lili *(reprendre)* sa place. • Tu *(apprendre)* à lire ? • La terre gelée *(se fendre)*. • Je *(suspendre)* les mobiles. • Ce chien *(défendre)* son maître, mais il ne *(mordre)* pas. • Ta coiffure me *(surprendre)*. • Les gens les *(confondre)*.

... /10

PAR ❤

moudre	fondre	une vi**ll**a	l'**h**iver	un robin**et**
pondre	tondre	une borne	l'**h**eure	un tabour**et**

59 le présent de l'indicatif : révision

OBSERVE

Il arrive, je l'aperçois, on applaudit, elle lui tend un bouquet.

verbes en __er	verbes en __ir, __oir, __re	verbes en __dre
je __e tu __es il __e	je __s tu __s elle __t	je __ds tu __ds on __d

RETIENS

■ Au **présent de l'indicatif**, les terminaisons du singulier dépendent de l'infinitif du verbe.

182 **Classe ces verbes en 3 groupes, comme dans le tableau ci-dessus.**

lire, jouer, attendre, voir, rire, rougir, apporter, reprendre, laisser, vendre.

Corrigé p. 126 ... /10

183 **Complète les verbes par e, t ou d.**

Il cherch... ses gants.
On appui... fort.
Elle s'endor... vite.
Céline ne répon... pas.
Gabriel grandi... encore.

On reçoi... ses amis.
Elle appren... une leçon.
Il envoi... un colis.
Cette rose sen... bon.
L'oiseau s'envol... .

... /10

▸ **184** **Écris les verbes entre parenthèses au présent de l'indicatif.**

Nous *(planter)* des sapins. • On *(partir)* en voyage. • Son chat *(attraper)* des papillons. • Elle *(conduire)* une jolie voiture. • Je *(finir)* le problème. • Le cheval *(suivre)* le chemin. • Tu *(sonner)* toujours trois fois. • Je *(boire)* beaucoup d'eau. • Quand tu *(faire)* attention, tu *(comprendre)* vite.

... /10

PAR ❤

montrer	durer	baver	une le**ç**on
une montre	la dur**ée**	une bav**ette**	un écolier

60 les verbes fondamentaux à l'imparfait de l'indicatif

OBSERVE et RETIENS

	avoir		être		faire
j'	avais	j'	étais	je	**fai**sais
tu	avais	tu	étais	tu	**fai**sais
il	avait	il	était	il	**fai**sait
nous	avions	nous	étions	nous	**fai**sions
vous	aviez	vous	étiez	vous	**fai**siez
ils	avaient	ils	étaient	ils	**fai**saient
	donner		**finir**		**pouvoir**
je	donnais	je	fin**iss**ais	je	pouvais
tu	donnais	tu	fin**iss**ais	tu	pouvais
il	donnait	il	fin**iss**ait	il	pouvait
nous	donnions	nous	fin**iss**ions	nous	pouvions
vous	donniez	vous	fin**iss**iez	vous	pouviez
ils	donnaient	ils	fin**iss**aient	ils	pouvaient
	prendre		**dire**		**aller**
je	prenais	je	disais	j'	allais
tu	prenais	tu	disais	tu	allais
il	prenait	il	disait	il	allait
nous	prenions	nous	disions	nous	allions
vous	preniez	vous	disiez	vous	alliez
ils	prenaient	ils	disaient	ils	allaient

185 **Écris les verbes à l'imparfait, à la 1re personne du singulier (je).**

lui *donner* raison, *pouvoir* pêcher, *aller* à la gare et *prendre* le train, *avoir* le temps.

Corrigé p. 126 ... /5

186 **Écris les verbes à l'imparfait, à la 1re personne du pluriel (nous).**

faire la roue, *finir* tard, *être* ici, tout *dire*, *comprendre* vite.

... /5

▶ **187** **Écris les verbes entre parenthèses à l'imparfait de l'indicatif.**

Elle *(avoir)* dix ans. • Il *(reprendre)* sa place. • Ils *(être)* en tête. • Tu *(refaire)* le devoir. • Vous *(dire)* des sottises. • On ne *(pouvoir)* rien dire. • Elle lui *(redonner)* du courage. • Je *(finir)* avant toi. • Nous *(aller)* venir. • On *(apprendre)* les mots par cœur.

... /10

61 l'imparfait de l'indicatif (1)

OBSERVE

Autrefois, souvent, je jouais, on riait.

Avant, hier...

je jouais
tu jouais
elle jouait
nous jouions
vous jouiez
elles jouaient

terminaisons de l'imparfait	
je	_ais
tu	_ais
il, elle, on	_ait
nous	_ions
vous	_iez
ils, elles	_aient

⚠ grandir : je grandissais, il grandissait...

RETIENS

■ **L'imparfait de l'indicatif** est un temps du passé.
Ses terminaisons sont les mêmes pour tous les verbes :
-ais, -ais, -ait, -ions, -iez, -aient.

188 Complète les verbes à l'imparfait de l'indicatif.

sonner → *Chaque fois,* je sonn..., il sonn... .
traverser → *Souvent,* je travers..., nous travers... .
revenir → *Autrefois,* tu reven..., vous reven... .
construire → *L'an passé,* il construis..., elles construis... .
perdre → *En ce temps-là,* on perd..., ils perd... .

Corrigé p. 126 ... /10

189 Écris les verbes à la 1re personne du singulier et du pluriel de l'imparfait de l'indicatif (je, nous).

montrer le chemin, *tenir* sa promesse, *répondre* juste, *avertir* ses amis, *conduire* calmement. ... /10

▸190 Écris les verbes entre parenthèses à l'imparfait de l'indicatif.

Je *(sortir)* le soir.
Tu *(écrire)* beaucoup.
Il *(saluer)* la foule.
On *(devoir)* tout savoir.
Elle *(obéir)* bien.

Nous *(chanter)* la victoire.
Vous *(partir)* très tôt.
Ils *(fleurir)* leur magasin.
Elles *(se promener)* à pied.
Les lions *(rugir)* au loin. ... /10

62 l'imparfait de l'indicatif (2)

OBSERVE

« L'année passée, souvent, je nageais, puis je lançais le ballon. »

verbes terminés par -ger	verbes terminés par -cer
je nageais	je lançais
tu nageais	tu lançais
il nageait	il lançait
nous nagions	nous lancions
vous nagiez	vous lanciez
ils nageaient	ils lançaient
V-ge ais / ait / aient	V-ç ais / ait / aient

RETIENS

- Les verbes terminés à l'infinitif par **-ger** s'écrivent **-ge-** quand la terminaison commence par un **a** : *je nageais, il nageait...*
- Les verbes terminés à l'infinitif par **-cer** s'écrivent **-ç-** quand la terminaison commence par un **a** : *je lançais, il lançait...*

191 **Complète à l'imparfait de l'indicatif. Pense à la cédille du c !**

changer → *Autrefois*, je chang..., il chang... .
bercer → *Il y a longtemps*, tu berc..., elle berc... .
ranger → *Souvent*, nous rang..., ils rang... .
remplacer → *L'an passé*, on remplac..., vous remplac... .
voyager → *Avant*, je voyag..., elles voyag... .

Corrigé p. 126 ... /10

192 **Écris les verbes entre parenthèses à l'imparfait de l'indicatif.**

Je *(lacer)* mes tennis.
Tu *(tracer)* des ronds.
Il *(manger)* des fruits.
Elle *(diriger)* les autres.
On *(percer)* des trous.

Nous *(loger)* à la ferme.
Ils *(annoncer)* les résultats.
Elles *(partager)* notre repas.
Vous *(avancer)* par deux.
Je *(plonger)* souvent.

... /10

PAR ❤

un re**qu**in	un mouvement	une sa**ll**e	la for**ce**
plon**g**er	un murmu**re**	une sem**elle**	une pla**ce**

63 les verbes fondamentaux au futur de l'indicatif

OBSERVE et RETIENS

	avoir		être		faire
j'	aurai	je	serai	je	ferai
tu	auras	tu	seras	tu	feras
il	aura	il	sera	il	fera
nous	aurons	nous	serons	nous	ferons
vous	aurez	vous	serez	vous	ferez
ils	auront	ils	seront	ils	feront
	donner		**finir**		**pouvoir**
je	donnerai	je	finirai	je	pourrai
tu	donneras	tu	finiras	tu	pourras
il	donnera	il	finira	il	pourra
nous	donnerons	nous	finirons	nous	pourrons
vous	donnerez	vous	finirez	vous	pourrez
ils	donneront	ils	finiront	ils	pourront
	prendre		**venir**		**aller**
je	prendrai	je	viendrai	j'	irai
tu	prendras	tu	viendras	tu	iras
il	prendra	il	viendra	il	ira
nous	prendrons	nous	viendrons	nous	irons
vous	prendrez	vous	viendrez	vous	irez
ils	prendront	ils	viendront	ils	iront

193 Écris les verbes au futur, à la 1re personne du singulier (je).

finir ses devoirs, *donner* du lait au chat, *faire* le ménage, *aller* en voiture, *prendre* le train. Corrigé p. 126 ... /5

194 Écris les verbes au futur, à la 3e personne du singulier (il ou elle).

venir à midi, *avoir* soif, *être* heureux, *pouvoir* lire, tout *refaire*. ... /5

▸ 195 Écris les verbes entre parenthèses au futur de l'indicatif.

Tu *(avoir)* chaud. • Je *(revenir)* à pied. • Nous *(être)* en retard. • Ils *(apprendre)* la leçon. • Vous *(défaire)* le lit. ... /5

64 le futur de l'indicatif (1)

OBSERVE

Plus tard,
tout à l'heure,
je partirai...

Après,
demain...

je partirai
tu partiras
il partira
nous partirons
vous partirez
ils partiront

terminaisons du futur	
je	__rai
tu	__ras
il, elle, on	__ra
nous	__rons
vous	__rez
ils, elles	__ront

RETIENS

- **Le futur de l'indicatif** indique une action qui se passera plus tard. Au futur, les terminaisons sont toujours les mêmes : **-rai, -ras, -ra, -rons, -rez, -ront**.

196 **Complète les verbes au futur de l'indicatif.**

dire → *Demain*, on di..., ils di... .
suivre → *Tout à l'heure*, je suiv..., tu suiv... .
lire → *Après*, tu li..., vous li... .
recevoir → *Plus tard*, nous recev..., elles recev... .
conduire → *Dans dix ans*, il condui..., je condui... .

Corrigé p. 126 ... /10

197 **Écris les verbes à la 1re et à la 3e personne du singulier du futur.**

remplir la bouteille, *comprendre* le problème, *poursuivre* son chemin, *vendre* cette maison, *écrire* une carte. ... /10

198 **Écris les verbes entre parenthèses au futur de l'indicatif.**

Je *(boire)* de l'eau.
Tu *(vouloir)* bien ?
Il *(répondre)* juste.
On *(dormir)* chez eux.
On *(attendre)* le bus.

Nous *(recevoir)* ta lettre.
Vous *(garnir)* le sapin.
Ils *(reproduire)* ce dessin.
Elle *(construire)* une cabane.
Elles *(réunir)* la famille.

... /10

65 le futur de l'indicatif (2)

OBSERVE

Plus tard, tout à l'heure, je goûterai et je jouerai.

Après, demain…

je jouerai
tu joueras
elle jouera
nous jouerons
vous jouerez
elles joueront

On voit l'infinitif dans le verbe conjugué.

verbes terminés par __er	
je	__erai
tu	__eras
il, elle, on	__era
nous	__erons
vous	__erez
ils, elles	__eront

RETIENS

■ Au **futur**, les verbes du 1er groupe gardent l'infinitif entier dans la conjugaison. Pour certains verbes, comme *jouer*, il ne faut pas oublier le **e** qui est muet : *je jouerai, tu joueras, il jouera…*

199 **Complète les verbes au futur de l'indicatif.**

parler → *Demain*, elle parl…, elles parl… .
tourner → *Après*, je tourn…, on tourn… .
couper → *Plus tard*, je coup…, ils coup… .
marcher → *Bientôt*, nous march…, vous march… .
crier → *Tout à l'heure*, tu cri…, il cri… .

Corrigé p. 126 … /10

▶200 **Écris les verbes entre parenthèses au futur de l'indicatif.**

Je *(calculer)* ma note.
Tu *(avaler)* ces pastilles.
Il *(nouer)* sa cravate.
Elle *(lever)* la main.
On *(continuer)* la partie.

Nous *(dépenser)* tout !
Vous *(louer)* une barque.
Nous *(travailler)* à l'étude.
Elles *(copier)* la poésie.
Ils *(rentrer)* à midi.

… /10

PAR ❤

fid**è**le	l**é**ger	se mo**qu**er	un **â**ne
le tr**è**fle	l**é**cher	se fati**gu**er	le cr**â**ne
un probl**è**me	un tr**és**or	s'envoler	un b**â**ton

66 les verbes fondamentaux au passé composé

OBSERVE et RETIENS

avoir j' ai **eu** tu as **eu** il a **eu** nous avons **eu** vous avez **eu** ils ont **eu**	**être** j' ai **été** tu as **été** il a **été** nous avons **été** vous avez **été** ils ont **été**	**aller** je suis allé tu es allé il est allé nous sommes allés vous êtes allés ils sont allés
donner j' ai donné tu as donné il a donné nous avons donné vous avez donné ils ont donné	**finir** j' ai fini tu as fini il a fini nous avons fini vous avez fini ils ont fini	**pouvoir** j' ai pu tu as pu il a pu nous avons pu vous avez pu ils ont pu
prendre j' ai pris tu as pris il a pris nous avons pris vous avez pris ils ont pris	**dire** j' ai dit tu as dit il a dit nous avons dit vous avez dit ils ont dit	**faire** j' ai fait tu as fait il a fait nous avons fait vous avez fait ils ont fait

201 **Écris les verbes *en italique* au passé composé, à la 1re personne du singulier (je).**

donner sa langue au chat, *pouvoir* le porter, *prendre* l'air, *aller* au zoo, *avoir* de la chance.

Corrigé p. 126 ... /5

202 **Écris les verbes entre parenthèses au passé composé.**

On *(faire)* les courses. • Elle *(être)* triste. • Ils *(reprendre)* le train. • Tu *(dire)* merci. • J'*(finir)* ma viande. ... /5

203 **Écris les verbes entre parenthèses au passé composé.**

Vous *(pouvoir)* venir. • Nous *(comprendre)*. • On le *(redire)*. • Elles *(refaire)* le paquet. • Ils lui *(pardonner)*. ... /5

67 le passé composé de l'indicatif

OBSERVE

Hier, j'ai mangé deux tartines, j'ai bu du lait et je suis parti pour l'école.
ÉCOLE

j'	ai	mangé	j'	ai	bu	je	suis	parti
tu	as	mangé	tu	as	bu	tu	es	parti
il	a	mangé	il	a	bu	il	est	parti
nous	avons	mangé	nous	avons	bu	nous	sommes	partis
vous	avez	mangé	vous	avez	bu	vous	êtes	partis
ils	ont	mangé	ils	ont	bu	ils	sont	partis

RETIENS

- **Le passé composé** indique une action qui est passée. Il est formé de deux mots : un **auxiliaire** *(avoir* ou *être)* et le **participe passé** du verbe conjugué : *il a mangé, il est parti.*
- Au passé composé, l'auxiliaire est au présent de l'indicatif.

204 **Complète les participes passés par é, u ou i.**

lire → Elle **a** l... les deux livres.
demander → Nous lui **avons** demand... son nom.
penser, réussir → J'**ai** pens... à toi. Tu **as** réuss... !
devenir → Il **est** deven... riche.

Corrigé p. 126 ... /5

205 **Complète les participes passés par é, u ou i.**

grandir, grossir → Max **a** grand... et il **a** gross... .
arriver → Il **est** arriv... hier soir.
garnir → Nous **avons** garn... le sapin.
revoir → Ils **ont** rev... ce film.

... /5

206 **Trouve les verbes dont le participe passé se termine par -u.**

avertir, tordre, mélanger, jaunir, lire, fabriquer, perdre, courir, échapper, vouloir, calculer. Corrigé p. 126 ... /5

207 **Souligne avoir ou être, puis complète par é, u ou i.**

Ex. : *J'ai mang... deux tartines.* → *J'ai mangé deux tartines.*

J'ai dîn... avec Audrey. • Il est sort... il y a une minute. • Il s'est dirig... vers le cirque. • Tu as saut... à la corde. • Nous avons aperç... Lisa dans la rue. • Il s'est endorm... . • Elle a arrêt... sa voiture. • Nous avons cour... . • On a jet... des papiers. • Je t'ai répond... . Corrigé p. 126 ... /10

208 **Trouve les verbes dont le participe passé se termine par -i.**

se souvenir, raconter, blanchir, fondre, dormir, boire, changer, rendre, vernir, tondre, devenir, murmurer, maigrir, répondre, sortir, enlever, croire. ... /5

209 **Complète les verbes au passé composé.**

Ex. : *Nous ... chant... ensemble.* → *Nous **avons** chanté.*

Ils ... attend... votre lettre. • Elle ... maigr..., car elle mange moins de sucre. • Nous ... recul... dans la côte. • Ils ... perd... le match. • On ... plant... deux poiriers. • Romane et Camille ... bavard... toute la matinée. • La neige ... blanch... les prés. • Il n'... pas arriv... le premier. • ...-vous reten... son numéro de téléphone ? • On ... suiv... ses pas. ... /10

210 **Écris les verbes entre parenthèses au passé composé.**

Ex. : *Tu (recoudre) les boutons.* → *Tu **as recousu** les boutons.*

Léana *(trouver)* la bonne réponse. • L'escargot *(sortir)* de sa coquille. • La neige *(fondre)* en quelques heures. • Les chiens *(suivre)* Tomi jusqu'à la porte de l'école. • Tu *(vouloir)* venir avec moi. • Nous *(éplucher)* les pommes de terre. • Les poules *(pondre)* beaucoup d'œufs. • Je ne sais pas pourquoi vous *(punir)* cet enfant. • Nous *(croire)* à son histoire. • Les ouvriers *(démonter)* les moteurs. ... /10

PAR ❤

tr**ai**re	rede**venir**	av**er**tir	un corn**et**
rédui**re**	se sou**venir**	v**er**nir	une corne
une couv**er**ture	pro**venir**	la victoire	une corn**iche**

68 les participes passés en **-is** et **-it**

OBSERVE

J'ai pris un livre, j'ai mis mon pyjama et j'ai dit : « bonsoir ! »

prendre	mettre	dire
une chose qui est prise.	une chose qui est mise.	une chose qui est dite.
j'ai pris	j'ai mis	j'ai dit
il a pris	il a mis	il a dit
avoir pris	**avoir mis**	**avoir dit**

RETIENS

- Certains **participes passés** se terminent toujours par **-is** ou par **-it** : *pris, mis, dit.*
Pour les reconnaître, il faut penser au féminin qui fait entendre la dernière lettre : *j'ai pris* → *une chose qui est prise*.

211 **Complète les expressions au féminin.**

On a mi**s** → une chose *qui est* mi...
Il a écri**t** → une lettre *qui est* écri...
On a appri**s** → une leçon *qui est* appri...
Il a condui**t** → une voiture *qui est* condui...
Tu as promi**s** → une chose *qui est* promi...

Corrigé p. 126 ... /5

212 **Ajoute le s ou le t muet en t'aidant du féminin.**

Tu as di... la vérité. *(une chose qui est dite)* • Il est assi... . *(une fille qui est assise)* • On a interdi... le passage. *(une rue qui est interdite)* • J'ai surpri... mon frère. *(une personne qui est surprise)* • On a tout compri... . *(une leçon qui est comprise).*

... /5

213 **Ajoute le s ou le t muet en pensant au féminin.**

Elle a fai... le lit. • J'ai mi... un pull. • Il a construi... un mur. • Elle a ouver... la porte. • On a produi... du blé. • On m'a permi... d'entrer. • Le poulet est bien cui... . • Nous avons repri... la route. • Les enfants ont offer... un bouquet à leur maman. • On a inscri... ma petite sœur à la crèche.

... /10

69 le participe passé en **-é** ou l'infinitif en **-er**

OBSERVE

RETIENS

- Un verbe terminé par **-er** est à l'**infinitif**. Il indique qu'une action va se faire, vient de se faire ou peut se faire. Pour le reconnaître, on peut intercaler la question ***quoi faire ?*** juste avant le verbe : *il veut* ***quoi faire ?*** *plonger*.
- Un verbe terminé par **-é** est au **participe passé**. Il est conjugué avec **être** ou **avoir**.

214 **Complète par é ou er en t'aidant de ce qui est écrit *en italique*.**

Nous voulons *(quoi faire ?)* démont... la machine.
Papa sait *(quoi faire ?)* répar... son ordinateur.
Il est *(être)* tomb... de vélo. • Elle va *(quoi faire ?)* le soign... .
Tu aimes *(quoi faire ?)* dessin... . • Il a *(avoir)* regard... un film.
J'ai *(avoir)* lav... les légumes. • Il faut *(quoi faire ?)* écout... .
On a *(avoir)* visit... une usine. • Je suis *(être)* rentr... chez moi.

Corrigé p. 126 ... /10

215 **Complète ces phrases par é ou er.**

Elle a recul... .	Elle a jou... seule.	Il faut plong... .
Il faut recul... .	Il veut jou... seul.	Ils ont plong... .
J'avais recul... .	Je vais jou... seul.	On vient de plong... .
Tu peux recul... .		

Corrigé p. 127 ... /10

216 **Complète ces phrases par é ou er.**

- Le réveil a sonn... . • Le réveil va sonn... .
- Ma sœur aime trich... . • Mon frère a trich... .
- Il doit pioch... . • On a pioch... .
- Il a nou... ses lacets. • Il faut nou... les lacets.
- Il a soulev... la caisse. • Elle peut soulev... la caisse.

... /10

217 **Complète ces phrases par é ou er.**

Il a jur... qu'il viendrait.
Qui veut continu... ?
Le magasin est ferm... .
Le tigre va s'échapp... .
Il est rest... au jardin.

Ils ont épluch... les légumes.
Caroline aime bien s'amus... .
Nous avons couch... sur la paille.
Du coton a bouch... le lavabo.
Il faut conjugu... ces verbes.

... /10

218 **Complète ce texte avec ces verbes : léché, parler, saluer, tirer, approché.**

Quand le chien m'a vu, il s'est mis à ... sur sa laisse. Je me suis ... de lui et il m'a ... les mains pour me ... . Il était heureux de me voir. Mais s'il avait pu ..., il m'aurait sans doute demandé mon goûter !

... /5

219 **Choisis entre l'infinitif et le participe passé pour compléter.**

Alex voudrait pêch... une truite. • Ma voisine a ramen... ma sœur de l'école. • Il ne faut pas secou... la bouteille. • Vous avez gard... mon livre. • François pourrait dirig... l'usine de son oncle. • Papa a dit d'achet... le journal. • Mes tantes ont bavard... tout l'après-midi. • Un agent lui a montr... le chemin. • Le jardinier va plant... des radis. • Les enfants ont travers... la rue.

... /10

PAR ❤

bouch**er**	continu**er**	ferm**er**	trich**er**
un bouchon	démont**er**	enferm**er**	un trich**eur**
recul**er**	écha**pp**er	la vapeur	la valeur

70 les verbes fondamentaux à l'impératif présent

OBSERVE

	avoir	être	faire
2ᵉ pers. du singulier	**aie**	**sois**	fai**s**
1ʳᵉ pers. du pluriel	ayons	soyons	faisons
2ᵉ pers. du pluriel	ayez	soyez	faites
	donner	**finir**	**prendre**
2ᵉ pers. du singulier	donn**e**	fini**s**	pren**ds**
1ʳᵉ pers. du pluriel	donnons	finissons	prenons
2ᵉ pers. du pluriel	donnez	finissez	prenez
	venir	**mettre**	**aller**
2ᵉ pers. du singulier	vien**s**	met**s**	**va**
1ʳᵉ pers. du pluriel	venons	mettons	allons
2ᵉ pers. du pluriel	venez	mettez	allez

RETIENS

- **L'impératif présent** a seulement trois personnes : la 2ᵉ personne du singulier, la 1ʳᵉ personne du pluriel et la 2ᵉ personne du pluriel.
- Il se conjugue sans pronom personnel sujet : *sois sage, écoutons, allez dans la cour.*

220 **Écris les verbes à l'impératif, à la 2ᵉ personne du singulier.**

Ex. : *défaire sa valise* → ***Défais*** *ta valise !*

donner le départ, *faire* vite, *finir* ses devoirs, *être* poli, *venir* à la maison.

Corrigé p. 127 ... /5

221 **Écris les verbes à l'impératif, à la 1ʳᵉ personne du pluriel.**

Ex. : *défaire sa valise* → ***Défaisons*** *notre valise !*

prendre le train, *aller* dans le midi, *avoir* les mains propres, *mettre* de l'ordre dans la chambre, *prévenir* le directeur. ... /5

▸ **222** **Écris les verbes à la 2ᵉ personne du singulier et à la 2ᵉ personne du pluriel de l'impératif.**

apprendre par cœur, *pardonner* cette faute, *remettre* sa veste, *refaire* son lit, *définir* ce mot. ... /10

71 l'impératif présent

OBSERVE

Donne ! Reviens !
Toujours des ordres !

Donne, reviens.
Donnons, revenons.
Donnez, revenez.

terminaisons de l'impératif	verbes en -er	autres verbes
2e sing.	-e	-s
1re plur.	-ons	-ons
2e plur.	-ez	-ez

⚠ J'entends (e), j'écris : e (offre, ouvre)
⚠ Verbes en -dre : -ds (prends, attends)

RETIENS

- **L'impératif présent** sert à donner des **ordres** ou des **conseils**.
- Les terminaisons des verbes en **-er** sont : **-e, -ons, -ez**.
- Les terminaisons des autres verbes sont : **-s** ou **-ds, -ons, -ez**.

223 **Complète les verbes à l'impératif présent.**

infinitifs	*2e personne du singulier*	*1re personne du pluriel*
jouer →	Jou... vite !	Jou... encore !
suivre →	Sui... la route.	Suiv... la carte.
sortir →	Sor... d'ici !	Sort... en courant !
tourner →	Tourn... la tête.	Tourn...-lui le dos.
dessiner →	Dessin... un loup.	Dessin... un rat vert.

Corrigé p. 127 ... /10

224 **Écris les verbes à l'impératif présent.**

infinitifs	*2e personne du singulier*	*2e personne du pluriel*
copier →	... la dictée.	Ne ... pas !
se tenir →	...-toi droit.	...-vous par la main.
dormir →	... bien !	... sur le canapé.
attendre →	...-moi !	... son retour.
écouter →	... ce chant.	... la musique.

... /10

PAR ❤

traver**s**er	ti**ss**er	une na**pp**e	la van**ille**
endormir	le ti**ss**age	une lu**tt**e	une mur**aille**

les terminaisons en –é ou **–ais, –ait, –aient**

Il ramassait des champignons.

C'est ce qu'il faisait.

je,tu	**V_ais**
il,elle,on	**V_ait**
ils,elles	**V_aient**

Il a ramassé des champignons.

Il s'agit…d'avoir ramassé.

avoir
ou + **V_é**
être

- Un verbe terminé par **-é** est au participe passé.
 Il est conjugué avec **avoir** ou **être** : *il a ramassé, il est allé.*
- Un verbe terminé par **-ais**, **-ait** ou **-aient** est conjugué
 à l'imparfait de l'indicatif : *il ramassait, il allait.*

225 **Complète chaque début de phrase par un verbe sur fond bleu.**
Ex. : *J'ai + chanté → J'ai chanté.*

J'**ai**		Il **a**	
Je	chant**é**.	Tu	jou**é**.
Elle	chant**ais**.	On	jou**ais**.
Ils	chant**ait**.	Ils **avaient**	jou**ait**.
Elles **ont**	chant**aient**.	Elles	jou**aient**.
Tu **as**			

Corrigé p. 127 ... /10

226 **Complète chaque début de phrase par un verbe sur fond bleu.**

Je		Tu	
Je suis	resté.	Elles	continué.
Il était	restais.	Nous avons	continuais.
On	restait.	Ils ont	continuait.
Ils	restaient.	Elle	continuaient.

... /10

227 **Complète ces phrases par é, ait ou aient.**

On **a** dessin... .
On dessin... .

Ils ne bavard... pas.
Ils **ont** bavard... .

Elles **ont** march... .
Elles march... d'un bon pas.

Ils copi... une phrase.
Ils **ont** copi... cette phrase.

Le chat **a** léch... son plat.
Le chat léch... son plat.

Corrigé p. 127 ... /10

228 **Complète ces phrases par é, ais, ait ou aient.**

Il a aval... de travers.
Le chien aval... sa pâtée.

Je le cherch... sous le lit.
J'ai cherch... longtemps.

Tu t'es cach... dans l'arbre.
Tu te cach... dans la cave.

Il rest... souvent dehors.
Il est rest... à la maison.

Les ouvriers ont coup... l'eau.
Ils coup... l'eau à chaque réparation. ... /10

229 **Choisis entre le participe passé et l'imparfait pour compléter.**

Les poissons se sauv... au moindre bruit. • Le soir, grand-père cir... ses chaussures. • Victor a embrass... ses parents. • Maman m'a racont... une belle histoire. • En classe, l'an dernier, on imprim... un journal. • Le sable est entass... dans la cour. • Autrefois, les enfants se couch... très tôt. • Les scouts ont camp... près de la ferme. • Tu devin... toujours tout ! • Mon équipe a encore gagn... . ... /10

230 **Écris une phrase avec chacun de ces verbes, sans changer la terminaison : a échappé, pêchait, s'est approché, vidaient, écoutais.**
Tu peux utiliser ces sujets : la brebis, le renard, le voleur, l'ours, son oncle, mes voisins, mes parents, je, tu, etc.

Ex. : *La brebis a échappé au loup.* ... /5

PAR ❤

une ar**ê**te	un ban**c**	un moi**s**	fran**c**, fran**ch**e
un ba**z**ar	un balcon	le do**s**	par**courir**
un b**ain**	une boucle	le bra**s**	conju**gu**er

Révision

Les règles révisées sont indiquées à la fin des consignes. L'élève peut ainsi relire une règle avant de faire son exercice, ou bien la réviser après, en cas d'erreur. Les exercices sans règle indiquée contrôlent les mots à savoir écrire par cœur en fin de CE2.

Chaque fiche débute par un court texte à compléter. Il faut le lire en entier avant de répondre. Les lettres ou les mots à retrouver sont signalés par trois points, quelle que soit la longueur de la réponse. Plusieurs réponses sont parfois proposées entre crochets : une seule est correcte.

Les exercices sont prévus avec cinq ou dix réponses pour pouvoir être facilement notés. Les plus difficiles sont signalés par un triangle jaune : ▶.

Certaines fiches, corrigées en fin d'ouvrage, permettent l'autocorrection.

1 Texte à compléter. (Règles 12, 23, 46, 54)

L'heure de la vaisselle. ... /10

– Ouah, ouah ! fait le chien Roméo, tout conten... .
Paul po...e[s/ss] les assiettes sal... par terre, et le chien les lèche une à une, sans y lai...er[s/ss] la plus peti... trace de nourriture. La vaisselle ...[ai/es/est] vite terminée. Les assiettes ...[son/sont] propr... et luisant... !
– Tu ...[ai/es/est] un bon chien, dit Paul en rangeant les assiettes.

2 On a enlevé un a ou un e dans chacun de ces mots. Remets-le chaque fois. (R 8)

une or...ille	une bat...ille	une bout...ille
une corb...ille	on trav...ille	

... /5

3 Jeu des cailloux.

Avec des cailloux, on peut dessiner la silhouette d'un mot. Les gros cailloux sont les grandes lettres, les petits cailloux sont les petites lettres et les tout petits cailloux sont les points et les accents.

Trouve le mot qui va dans chaque groupe de cailloux.

loin
boue
aile
clou
gris
idée

Ex. 

1. 

2. 

3. 

4. 

5. 

... /5

Corrigés p. 127

4 **Texte à compléter.** (Règles 16, 17, 38, 57, 58)

Jolie couleuvre. ... /10

Barnabé n'aime pas les vip...res [é/è]. Si on l'int...rroge [e/è] et qu'on lui demande pourquoi, il répon... :

– Quand on voi... une couleuvre, on di... : oh ! la vilaine b...te [é/è/ê] ! Mais s'il y avait seulement des couleuvres, quand ... [on/ont] en rencontre une, on saurait qu'elle ne mor... pas, et ...[on/ont] dirait : oh, le joli s...rpent [e/è] !

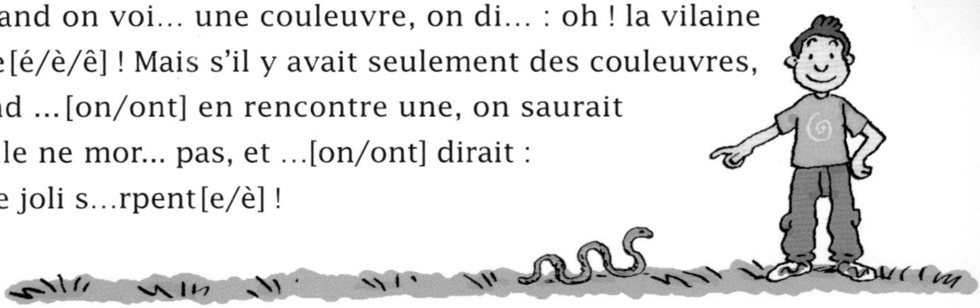

5 **Écris le mot simple qui peut être reconnu au début de chacun de ces mots.** (R 23)

Ex. : *dentiste* → ***dent.***

fleuriste, grandir, chaudement, dessiner, longueur. ... /5

6 **Farandole des mots.**

Pour former une farandole de mots, il faut les écrire de façon que la dernière lettre d'un mot soit la même que la première lettre du mot suivant.

Continue la farandole avec ces mots :

instrument – unité – épingle – mai – tableau.

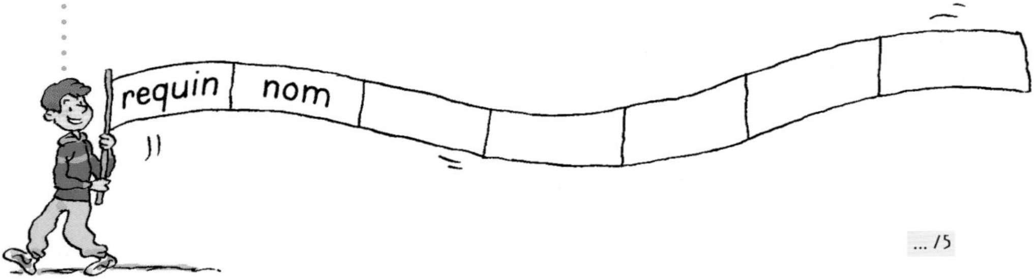

... /5

Corrigés p. 127

7 **Texte à compléter.** (Règles 28, 39, 46, 47, 61)

Les caribous. ... /10

Le Canada ...[et/est] le pays des caribous. Ces animaux se déplac... beaucoup. Parfois ils travers... les rivières. Autrefois, les chasseurs les poursuiv... avec leur... kayaks lon... et étroi... . Ils les tu... à l'aide d'un harpon.
De nos jours, les chasseurs ont un permis ...[et/est] ils paient une taxe s'ils tu... un caribou. Ils doivent chasser à pied et porter un dossard orangé.

8 **Dans chaque phrase, on a remplacé un p par une autre lettre. Retrouve les phrases justes.**

1. Où est le sucre en **f**oudre ?
2. Il a un fou dans les cheveux.
3. J'ai une nièce en or.
4. Où est le mot de confiture ?
5. C'est une histoire de cinquante cages.

... /5

9 **Puzzle de syllabes.**
Tu peux former cinq mots avec ces syllabes. Écris-les. (R 15)

Ex. : blan cheur → *blancheur.*

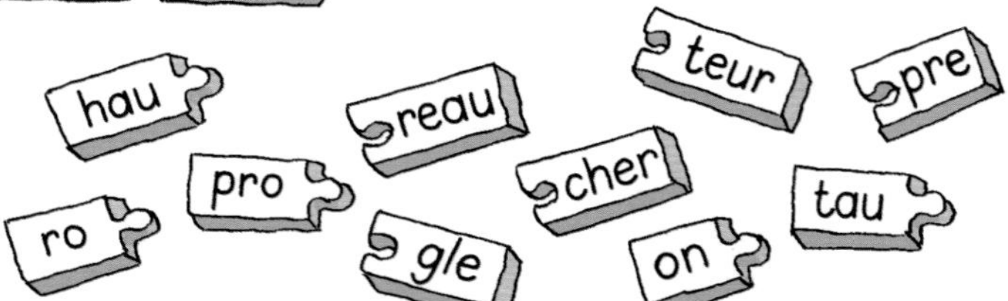

... /5

4 Fiche de révision

10 **Texte à compléter.** (Règles 41, 46, 50, 69)

La coccinelle. ... /10

Tout l'hiver, la coccinelle reste caché... sous des feuill... mort... ou dans la mousse. Quand les beau... jour... arrivent, elle pond des œufs orangé... . Elle les dépose en peti... tas, au milieu des pucerons. La larve de la coccinelle est un ogre : elle se met à mang...[é/er] des pucerons. Pendant trois semain..., elle va s'en gav...[é/er]. Plus de cent par jour !

11 **On a enlevé un e ou un è dans chacun de ces mots.**
Remets-le chaque fois. (R 16, R 17)

un ch...f, m...rci, un probl...me, un gil...t, la rivi...re. ... /5

12 **Mots croisés.**
Complète la grille en t'aidant des définitions et des dessins.

1. Oiseau noir.
2. Elle fait le miel.
3. Oiseau noir et blanc à longue queue.
4. Insecte qui vole.
5. Oiseau qui dort le jour.
6. Mâle de la cane.

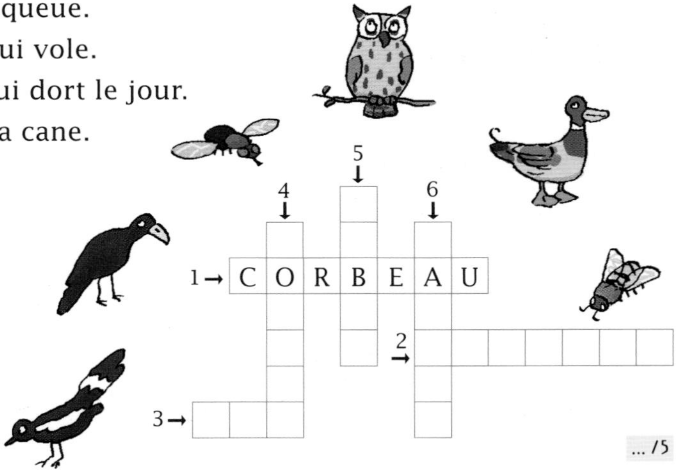

... /5

5 Fiche de révision

13 **Texte à compléter.** (Règles 23, 28, 38, 68)

Chez les nomades du désert. ... /10

Le lait ...[et/est] la principale nourriture. ...[on/ont] le boit frais ou caillé, avec de l'eau ...[et/est] du sel. On en fait aussi des fromages qu'...[on/ont] mange avec des galettes de mil. Quand une vache a mi... au monde un petit veau, son premier lait est épai... . Il est cui... pour obtenir un fromage délicieu... . Le deuxième lait, plus lég...[é/er/et] et plus clair, ...[et/est] pour le veau.

14 **Dans chaque phrase, on a remplacé un l par une autre lettre. Retrouve les phrases justes.**

1. J'ai pris vingt **t**itres d'essence.
2. On a gagné le gros mot.
3. Il a fait le tour du sac en bateau.
4. J'ai repassé le singe.
5. Donnez-moi une douche de potage.

... /5

15 **Farandole des mots.** *Règle du jeu page 109.*

Continue la farandole avec ces mots :

timbre – raisin – utilité – nuit – eau.

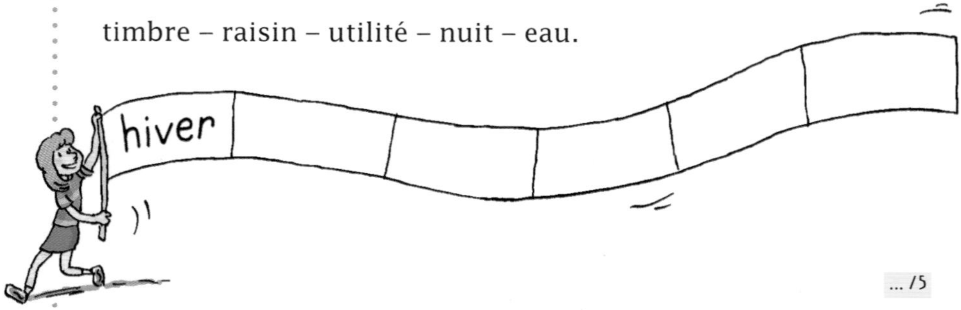

... /5

Corrigés p. 127

6 Fiche de révision

16 **Texte à compléter.** (Règles 29, 30, 34, 42, 59)

Pourquoi le lézard n'a pas d'oreilles. ... /10

Le lézard ... [ce/se] moquait toujours de la panthère.
Un jour, elle l'attrape et dit aux autres anim... d'une voix terrible : « Je vais le dévorer ! ». Le lézard pren... vite ... [son/sont] couteau et ... [ce/se] coupe les oreilles.
Quand la panthère voi... qu'il est si courageux, elle se sauv... .
Depuis ... [ce/se] jour, elle ... [a/à] peur des lézards,
et le lézard n'... [a/à] plus d'oreilles !

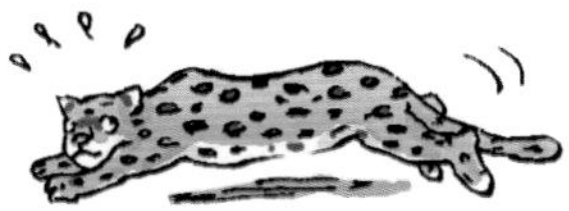

17 **Écris le mot simple qui peut être reconnu à la fin de chacun de ces mots.**
Ex. : *ramener* → ***mener***.
parcourir, rebord, biscuit, madame, minuit. ... /5

18 **Jeu des cailloux.** *Règle du jeu page 108.*
Trouve les cinq mots qui vont dans ces groupes de cailloux.

asperge
briquet
chapeau
diriger
fatigue
insecte
produit

1. 
2. 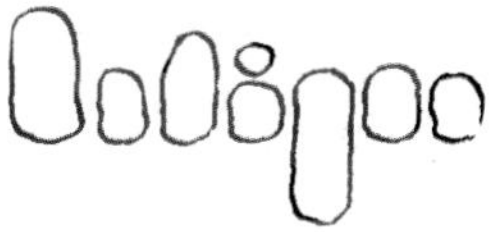
3. 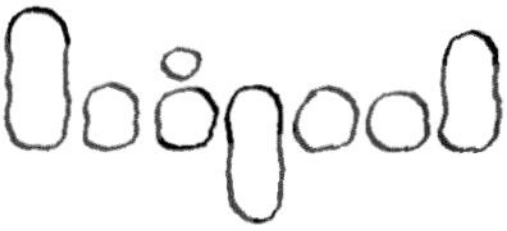
4. 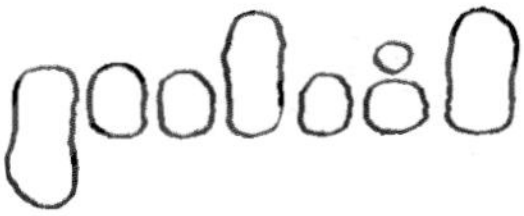
5. 

... /5

7 Fiche de révision

19 **Texte à compléter.** (Règles 12, 14, 28, 59)

Un éléphant très malin. ... /10

Un jour, au zoo, mon frère rama...e un petit caillou. Nous l'entour... d'un papier et nous le lan...ons à l'éléphant qui le pren... avec sa trompe. Nous éclatons de rire ... [et/est] nous recommen... à lan...er de faux bonbons. Mais l'éléphant n'aime pas les cailloux ! Il va boire dans son ba...in, puis il se met en face de nous ... [et/est] nous crache dessus toute l'eau qui ... [et/est] dans sa trompe ! Nous l'avions bien mérité.

20 **Les syllabes cachées.**
Dans quels mots trouves-tu une de ces syllabes ? (R 15)

cra der pre gne pio

racine, perdre, proprement, poignet, crapaud, dernier, direct, piocher, montagne, brioche. ... /5

21 **Mots croisés.**
Complète la grille en t'aidant des définitions et des dessins.

1. Mâle de la vache.
2. Elle a un long cou.
3. Sorte de lapin qui court très vite.
4. Il a de longues oreilles.
5. Sorte de cheval à rayures blanches et noires.
6. Sorte de très gros chat qui a des rayures.

... /5

8 Fiche de révision

22 **Texte à compléter.** (Règles 27, 47, 55, 59, 69)

On a toujours besoin d'un plus petit que soi. ... /10

Un jour, le roi des lions est pris dans le filet des chasseurs. Il cri..., il hurl..., il rugi..., mais il ne parvien... pas à le déchirer. Il fait tant de bruit que tous les animaux se sauv..., et les chasseurs aussi. Ils ont peur. Heureus..., un rat pass... par là. Il a pitié du lion et se met à rong... les mailles du filet pour délivr... le prisonnier. Le rat en a les dents usées, mais le roi des lions est libér... .

23 **Dans chaque phrase, on a remplacé un r par une autre lettre. Retrouve les phrases justes.**

1. Vive le roi et la peine !
2. Elle a des cheveux d'un joli doux.
3. Les matins montent sur le bateau.
4. Les joues de mon vélo sont dégonflées.
5. La voiture coulait à cent kilomètres à l'heure. ... /5

24 **Puzzle de syllabes.**
Tu peux former cinq mots avec ces syllabes. Écris-les. (R 10, R17)

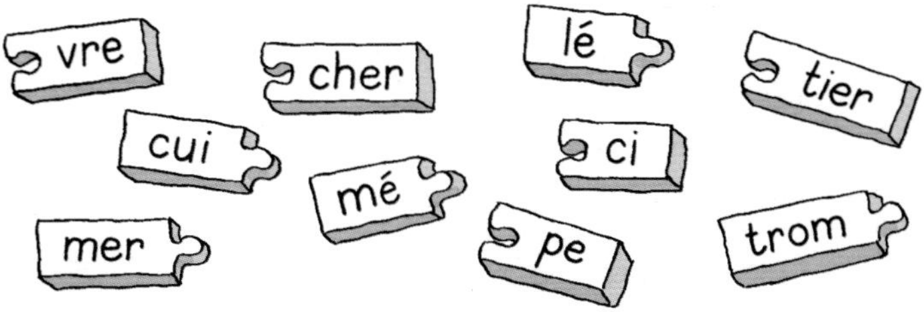

... /5

Corrigés p. 127

9 Fiche de révision

25 **Texte à compléter.** (Règles 24, 34, 37, 47, 69)

La toilette des chèvres. … /10

Dès que Ratus commence à arros… les chèvres pour les lav…, elles baiss… la tête pour lui donner des …[cous/coups] de cornes. Mais la plus petite découvr… un jeu plus amusant : écraser le tuyau avec son sabot pour que l'eau s'arrête de coul…, puis enlever sa …[pâte/patte] juste au moment où Ratus regarde l'ouverture du tuyau en …[se/ce] demandant pourquoi il n'y a plus d'eau. Splash ! Et …[s'est/c'est] Ratus qui est douch… !

26 **Dans chaque phrase, on a remplacé un t par une autre lettre. Retrouve les phrases justes.**

1. Donne-moi une branche de gâteau.
2. Monte en haut de la cour du château.
3. J'ai mal à la fête !
4. Cette histoire a un joli litre.
5. Le berger a pondu tous ses moutons.

… /5

27 **Mots croisés. Complète les phrases pour trouver les mots qui permettent de remplir la grille.**

1. On peut … avec un crayon.
2. On jette les papiers dans la … .
3. On écrit sur du … .
4. J'écris au tableau avec une … .
5. Celui qui va à l'école est un … .
6. Mes dessins ont de belles couleurs grâce à mes f… .

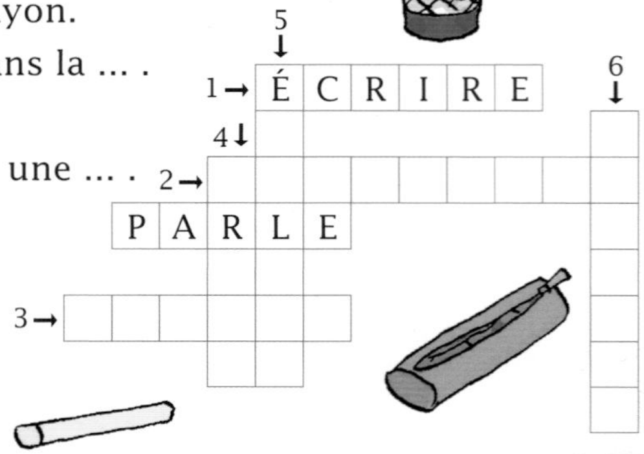

… /5

10 Fiche de révision

28 **Texte à compléter.** (Règles 13, 33, 34, 40, 47, 69)

La légende du chat. ... /10

Sur son arche, Noé avait embarqu... un couple de tou... les animaux. Les chats n'existai... pas encore.
Les souris faisai... tant de petits que les vivres vinrent à man...er[c/qu]. Noé demanda au lion de l'aid... .
Le lion ...[ce/se] gratta le museau, ce qui le fit éternu... .
Deux tout petits lions sortirent de ...[ces/ses] narines : c'étaient les deux premiers chats du monde ! Ils ...[ce/se] mirent aussitôt en chasse et tuèrent beaucoup de souris.

29 **Les syllabes cachées.**
Dans quels mots trouves-tu une de ces syllabes ? (R 15)

rou net dre sur tim

retourner, adroitement, rouler, superbe, tordre, trousse, timide, robinet, surprise, timbre. ... /5

30 **Farandole des mots.** *Règle du jeu page 109.*

Continue la farandole avec ces mots :
depuis – escalier – taillé – regard – sujet.

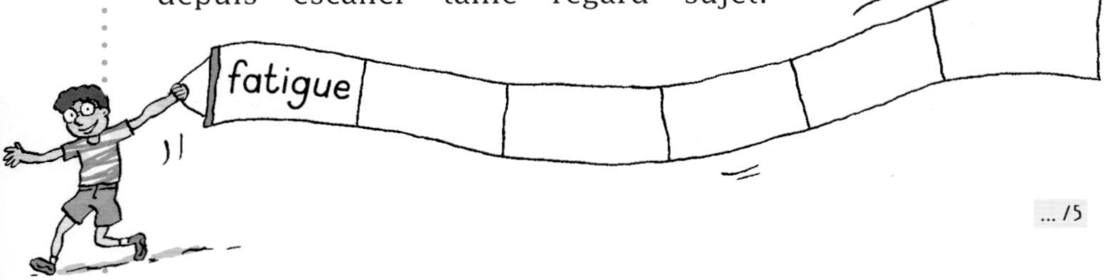

... /5

Dictées

Avec les dictées qui suivent, l'élève met en pratique les règles étudiées. Les principales sont indiquées au début de chaque texte.

1 Mon chien — Règles 7, 14, 36.

fait

Mon chien est plein de puces, mais ça ne fait rien, je l'aime bien. Le soir, il vient à ma rencontre sur le chemin de l'école. C'est mon ange gardien.

2 Plus de peur que de mal — Règles 10, 48, 67.

Il fait sombre. Rémi a manqué une marche et il est tombé dans l'escalier. Sa mère l'emmène passer une radio.

– Tu as eu de la chance, lui dit le médecin. Ta jambe n'est pas cassée.

3 Départ en vacances — Règles 41, 48, 57.

La caravane de Victor est prête. La moto de Ratus a été réparée et la voiture de sa grand-mère est chargée de bagages.

– Je passe devant, dit Mamie Ratus.

Tout le monde la suit, mais elle roule vite. Et les gendarmes sont cachés au bord de la route...

4 L'escargot — Règles 25, 41, 43, 59.

Il fait son chemin sur la salade. Il est dessus. Il passe dessous. Le voici devant. Un moment après, il se cache derrière pour faire des trous dans une feuille : il mange, il prend des forces. Les cornes en avant, il repart un peu plus loin et il bave sur toutes les feuilles du jardin.

5 Rêve de chat — Règles 23, 28, 33, 47, 59.

Il saute sur le banc, se couche au soleil, puis il s'endort. Tout à coup, ses moustaches bougent, il secoue ses pattes. Il rêve qu'il chasse un rat, un gros rat, un énorme rat, le plus méchant de tous les rats. Il rêve qu'il est malin comme un renard et qu'il est fort comme un lion.

6 Minet a disparu ! Règles 34, 38, 39, 47, 61.

Mes parents partent au travail. Au moment où ils ouvrent la porte, mon chat se glisse entre leurs jambes et se sauve. Ce soir, il n'est toujours pas revenu ! Vers neuf heures, on sonne à la porte. C'est Minet que les voisins ramènent. En rentrant, ils l'ont trouvé qui dormait sur leur lit.

7 Le fantôme Règles 23, 37, 46, 66.

Je lui ai sauté dessus et j'ai senti quelque chose de glacé. J'ai reculé. C'était un fantôme ! La preuve ? Il s'est envolé au plafond. Vrai de vrai, il s'est installé là-haut, bras croisés, assis, tête en bas. Il m'a demandé :
– Est-ce que tu crois aux fantômes ? D'après E. Reberg, *Un voleur à l'école.*

8 Le serpent Règles 23, 48, 49, 69, 72.

Le soleil était très chaud. Mon frère venait de monter sur un petit mur. Il montrait quelque chose. J'ai fait un pas en avant et j'ai vu une vipère ! Heureusement, mon père a tapé du pied pour lui faire peur. Elle s'est sauvée et elle a disparu sous un tas de pierres.

9 Vive la pêche ! Règles 18, 40, 48, 63, 65.

Toute la famille est arrivée à la campagne.
– Demain, on mangera du poisson, dit mon grand-père. Je me lèverai de bonne heure et j'irai pêcher la truite. Ton père prendra la barque et vous pêcherez tous les deux sur le lac.
– Avec Mamie et tes sœurs, ajoute maman, nous irons au marché pour acheter des fruits et des légumes.

10 Drôle de chien savant Règles 57, 61, 69, 70, 71.

– Regarde, dit mon cousin. Boby est aussi malin qu'un chien de cirque. Fais le beau, Boby !
Le chien part en courant et revient avec un bout de bois.
– Écoute bien, lui dit son maître. Donne !
Mais Boby se sauve. Soudain, il saute en l'air et attrape un papillon qui passait près de son museau.
– Tu vois, dit mon cousin. Il sait même chasser.

Test final

Ce test correspond aux règles d'orthographe étudiées.

Réponds sans regarder dans le livre.

1 **Complète les mots par s ou ss.**
une chai...e   une table ba...e

2 **Écris ces verbes au présent de l'indicatif, à la 2e personne du singulier.**
coudre : tu ....   *rester :* tu ....

3 **Accorde les noms et le verbe.**
Les skieur... port... des lunette... de soleil.

4 **Choisis entre a ou à pour compléter.**
Juliette est rentrée ... cinq heures.

5 **Écris cette phrase en remplaçant le nom masculin par le nom féminin correspondant.**
Mon voisin est un homme courageux.
Ma ....

6 **Complète par c ou ç.**
Mer...i, dit le gar...on.

7 **Que manque-t-il : leur ou leurs ?**
Ils avaient emporté ... cadeaux.

8 **Accorde les adjectifs.**
Je vois deux joli... bateaux avec des voiles blanc... .

9 **Choisis entre son et sont pour compléter.**
Mathis a perdu ... ballon de foot.

10 **Écris le verbe marcher au passé composé.**
Hier, nous .... pendant trois heures.

11 **Que manque-t-il : ay, aill ou eill ?**
On a t...é les cr...ons de couleur.

12 **Écris ces noms au pluriel.**
un clou, des .... un taureau, des ....

13 **Écris au présent de l'indicatif.**
faire : je ...., vous ....
aller : je ...., vous ....

14 **Accorde le participe passé.**
Elle est parti... avec ses frères.

15 **Complète par on ou par ont.**
Ses parents ... une voiture rouge.

16 **Conjugue le verbe écouter aux trois personnes de l'impératif.**
C'est un ordre : ...., ..., ...

17 **Écris l'infinitif du verbe conjugué dans : vous serez sage.**
Il s'agit du verbe ....

18 **Remplace chaque rond bleu par une virgule, un point ou un point d'interrogation.**
– Veux-tu une brioche • un croissant ou un pain au chocolat •

19 **Complète le verbe par é, er, ez ou ait.**
Hier soir, il s'est couch... très tôt.

20 **Écris le verbe chercher au futur, à la 1re et à la 3e personne du singulier.**
Demain, je ...., il ....

(1 point par question entièrement réussie). ... / 20

Entoure les numéros des questions où tu as fait des erreurs.
À côté, il y a les numéros des règles que tu as besoin de réviser.

(1) R12	(6) R14	(11) R8 R9	(16) R71
(2) R56 R58	(7) R39	(12) R42 R43	(17) R51 R63
(3) R41 R47	(8) R46	(13) R55	(18) R22
(4) R29	(9) R30	(14) R48	(19) R69 R72
(5) R44 R45	(10) R67	(15) R38	(20) R65

Corrigés

Fiches d'observation

Chaque fiche prévoit vingt réponses. Chaque réponse juste vaut un point.

Fiche 1, page 12

1. 26 lettres ▪ 6 voyelles ▪ 20 consonnes.
2. 1re lettre : **a** ▪ 2e lettre : **b** ▪ dernière lettre : **z**.
3. **1.** vrai ▪ **2.** vrai ▪ **3.** faux ▪ **4.** vrai ▪ **5.** faux ▪ **6.** faux ▪ **7.** vrai.
4. bus maison train ▪ fenêtre image maison ▪ maison porte savoir.
5. bras force machine ▪ montagne orage vent ▪ papillon surprise violette ▪ oiseau route semaine.

Fiche 2, page 13

6. **1.** faux ▪ **2.** vrai ▪ **3.** vrai ▪ **4.** faux ▪ **5.** vrai.
7. 3e lettre : **c** ▪ 5e lettre : **e** ▪ 10e lettre : **j** ▪ 13e lettre : **m** ▪ avant-dernière lettre : **y**.
8. Ronds n° 2, 5, 7, 8, 9.
9. Lyon Marseille Paris ▪ Grenoble Lille Nice ▪ Bordeaux Dijon Nantes ▪ Nancy Pau Valence ▪ Rennes Strasbourg Toulouse.

Fiche 5, page 16

18. **1. g** → girafe ▪ **2. a** → autoroute ▪ **3. c** → cent ▪ **4. h** → huit ▪ **5. h** → hérisson.
19. limonade, locomotive, maladie, canapé, chocolat, confiture.
20. lit, bonbon, arbre, étude, nuage.
21. **ver** → avertir, vernir ▪ **gra** → grave, agrafe.

Fiche 7, page 18

26. leçon, garçon, maçon, glaçon, façon, maîtresse, vitesse, richesse, tresse, princesse.
27. madame, mauvais, conjugaison, pleuvra.
28. maîtresse, madame, Thomas.
29. Je n'ai pas de parapluie. ▪ Il fait mauvais ce matin. ▪ On ira s'abriter dans la cabane.

Règles d'orthographe

1. **Personnes** : un pêcheur, un écolier ▪ **Animaux** : un âne, un corbeau, une vipère ▪ **Choses** : une dent, un tabouret, un vase ▪ **Idées** : une sottise, la force.
4. laver, saluer, moudre, respirer, tenir, continuer, rire, avertir, porter, savoir.
7. sot, peureux, fort, adroit, bleu, dur, chaud, douloureux, sportif, vieux.

10. Léna **le** regarde → le lapin ■ Les enfants **la** voient → la lune ■ Maman **les** presse → les oranges ■ Hugo **les** appelle → ses copains ■ Le chien **l'**a coupée → la corde ■ On **l'**étend → le linge ■ Papa **l'**a réglé → le réveil ■ Lucas **les** regarde → les maçons ■ Magali **les** brosse → ses cheveux ■ Alicia **l'**aide → sa mère.

12. Margaux n'est pas sotte. Je n'ai plus de pièces. Il ne veut rien. Mon frère n'a jamais peur. On ne grandit pas vite.

15. Vous avez déjeuné. Tu veux des feutres. Il porte un chapeau. Elle aime les frites. On marquera un but. Nous mettrons une veste et des bottes. Il choisira ce métier. Elle a une sœur. On apprend cette leçon. Elle est contente.

17. le mat**in**, un ch**ien**, un magas**in**, un dess**in**, c'est b**ien**, c'est anc**ien**, des pép**in**s, un chem**in**, un magic**ien**, un jard**in**.

20. un portail, une feuille, un appareil, un écureuil, une caille, un fauteuil, une oreille, une grenouille, un conseil, une maille.

23. bal**ay**er, a ab**oy**é, a env**oy**é, ont p**ay**é, leur l**oy**er, cours m**oy**en, au r**ay**on, nett**oy**ons, ess**uy**ez, un cr**ay**on.

26. une **om**bre, bl**an**chir, un n**om**bre, une r**am**pe, une m**on**tagne, un t**am**bour, une rép**on**se, c**om**pliqué, la gr**an**deur, un t**am**pon.

29. un bo**x**eur, di**s**cuter, un ta**x**i, ju**s**qu'à, lu**x**ueux, une école mi**x**te, un di**s**que, à pro**x**imité, un ma**s**que, des fi**x**ations.

32. une bro**ss**e, repa**ss**er, un tré**s**or, le pa**ss**é, une égli**s**e, une ardoi**s**e, une écrevi**ss**e, de**ss**iner, une sauci**ss**e, une cho**s**e.

35. un lé**g**ume, la lan**gu**e, un ma**g**asin, des va**gu**es, une ba**gu**e, le re**g**ard, conju**gu**er, une vir**g**ule, une ba**gu**ette, la lon**gu**eur.

38. une **g**erbe, un ré**g**ime, il voya**ge**ait, lé**g**er, ru**g**ir, sauva**g**e, on man**ge**ait, l'oran**ge**ade, un ver**g**er, un plon**ge**on.

41. bavarder, domestique, un cirque, un bassin, un panier, une pierre, une bavette, l'aviation, enfantin, un balcon.

44. **é**couter, une **é**picerie, les l**è**vres, des **é**toiles, un probl**è**me, une r**é**ponse, une id**é**e, une vip**è**re, **é**crire, une soupi**è**re.

47. un adj**e**ctif, une pi**è**ce, une rond**e**lle, un sp**e**ctateur, c'est mod**e**rne, un li**è**vre, f**e**rmer, des lun**e**ttes, trav**e**rser, du tr**è**fle.

50. la sueur, le spectateur, la largeur, le directeur, le facteur, la chaleur, la peur, la douleur, le visiteur, le promeneur.

51. un vol**eur**, une fl**eur**, un voyag**eur**, sa s**œur**, un chass**eur**, une lu**eur**, une longu**eur**, la blanch**eur**, du b**eurre**, une coul**eur**.

54. une sort**ie**, le mercred**i**, une sonner**ie**, son mar**i**, un cr**i**, une boug**ie**, la part**ie**, un pl**i**, un rôt**i**, une sucrer**ie**.

57. un tabl**ier**, de pap**ier**, ent**ier**, un roch**er**, un quart**ier**, le soup**er**, droit**ier** ou gauch**er**, le prem**ier**, le dern**ier**.

60. piéton, prison, poisson, camion, bouton, citron, dindon, maçon, ourson, pardon.

63. – Julie, viens vite ! crie Papa. J'ai apporté une surprise.
– Qu'est-ce que c'est ?
– Devine ! Il a quatre pattes, de la fourrure, des moustaches et...
– C'est un chat. (*ou bien :* C'est un chat !) Est-ce que j'ai trouvé ?

65. forte → for**t** ■ basse → ba**s** ■ lourde → lour**d** ■ froide → froi**d** ■ blanche → blan**c** ■ haute → hau**t** ■ grosse → gro**s** ■ franche → fran**c** ■ grise → gri**s** ■ longue → lon**g**.

67. le regar**d**, un chan**t**, un sau**t**, un cam**p**, le ven**t**, un mon**t**, un ta**s**, un trico**t**, le retar**d**, un bavar**d**.

71. le **poing**, je mets un **point**, un coup de **poing** ■ une **dent**, **dans** ta poche ■ en **cuir**, **cuire** le rôti, prêt à **cuire** ■ je **pousse**, son **pouce**.

72. c'est **elle**, une cuisse ou une **aile** ■ de la **boue**, le **bout** du bâton ■ le **chant** du coucou, dans ce **champ** ■ un grand **pot**, la **peau** de la pêche ■ l'**eau**, en **haut**.

75. **sans** parapluie, **sous** le lit, **puis** il va, dessus ou **dessous**, **depuis** l'an passé ■ **entre** le couteau et la fourchette, **ensuite** je t'aiderai, **en** face de la gare, **enfin** revenu, **encore** un gâteau.

76. j'aime **bien**, **pourquoi** ne sais-tu pas, **loin** de chez moi, **combien** veux-tu, à **quoi** pensez-vous ■ **devant** la maison, **pourtant** j'ai bien écouté, **avant** toi, au tour de mon frère, **maintenant**, **pendant** une heure.

79. trois, quatre, cinq, six, sept, huit, neuf, dix, onze, douze.

82. rarement, curieusement, vaguement, calmement, doucement.

85. être fermé, être taché (*ou* tachée), être revenu, être bon (*ou* bonne), être gratuit.

88. avoir deux voiles, avoir des jouets, avoir coupé, avoir des pépins, avoir soif, avoir des lapins, avoir marqué, avoir une poche, avoir poussé, avoir verni.

91. un pantalon, un regard, une aile, un nom, une ardoise, un oncle, un tableau, un garage, un métier, une idée.

94. des livres **ou** des disques, **où** veux-tu, des bonbons **ou** un gâteau, **où** il est parti, une pioche **ou** une pelle, un chaton **ou** un chien, d'**où** vient-elle, **où** est votre garage, du lait **ou** de l'eau, j'écrirai **ou** je téléphonerai.

97. **cette** abeille, **ces** jouets, **ce** banc, **ces** gilets, **ces** miettes, **cette** place, **ce** trésor, **cette** vitrine, **ces** fenêtres, **ce** litre.

100. **ces** fenêtre**s**, **ces** village**s**, **ces** orage**s**, **ces** abeille**s**, **ces** menu**s**, **ces** film**s**, **ces** chenille**s**, **ces** magasin**s**, **ces** avion**s**, **ces** pays.

103. **ce** bâton, **ce** dessin, **ce** castor, **ce** pêcheur, **ce** lavabo, **ce** nombre, **ce** nid, **ce** vase, **ce** poirier, **ce** piquet.

106. se lever, se marier, se mettre, se promener, s'endormir, se rendre, se relever, se pencher, s'approcher, se diriger.

108. **cet** animal, **c'est** un animal, **c'est** une fleur, **cette** fleur, **cette** fusée, **c'est** une fusée, **cette** couverture, **cette** voiture, **c'est** ma voiture, **c'est** sa couverture.

111. **c'est** le journal, **c'est** mon livre, **c'est** la sortie, **c'est** le vent, **c'est** une grenouille.

114. **il** travaille *ou* **elle** travaille, **il** frappe *ou* **elle** frappe, **il** a distribué *ou* **elle** a distribué, **il** pensait *ou* **elle** pensait, **il** lira *ou* **elle** lira.

117. **leur** gardien, **leur** réponse, **leurs** ongles, **leur** bureau, **leurs** chants, **leurs** racines, **leurs** balles, **leur** lettre, **leurs** becs, **leurs** ailes.

120. tous les jours, toutes les balles, tous les hivers, tout le spectacle, toute la salade.

123. une épingle, un bouquet, un timbre, une croix, un fruit, un vendeur, une brebis, un rocher, un radis, un plat.

126. des chapeau**x**, des journ**aux**, des lavabo**s**, des carnaval**s**, des oiseau**x**, des robot**s**, des bal**s**, des corbeau**x**, des can**aux**, des couteau**x**.

129. le fou et le cavalier, un joujou, un tatou, un chou, un feu de bois, un verrou, un aveu, un pou, un vœu.

132. la mère, la sœur, une femme, la mariée, une chienne, une ouvrière, une aviatrice, une inspectrice, une joueuse, ma cousine.

135. une table ba**sse**, une fille peur**euse**, une nouv**elle** revue, une allure vi**ve**, une robe lég**ère**, une femme seul**e**, une journée orag**euse**, une bête dou**ce**, une personne riche, une trousse neu**ve**.

137. des personnes gentilles, une dame gentille, un homme gentil, des voisins gentils, une vendeuse gentille, de l'herbe sèche, un temps sec, des haricots secs, des noix sèches, des fruits secs.

138. une chemise bleu**e** et une veste noir**e,** des chaussettes bleu**es** et des chaussures noir**es** ■ une fille adroit**e**, des enfants adroit**s**, des joueuses adroit**es** ■ une voiture neu**ve**, des camions neu**fs**, des motos neu**ves**.

143. Les élèves écoutent. Le capitaine écoute. Mon camarade écoute. Le gardien écoute. Les joueurs écoutent. Martin répond. Léa et Sandra répondent. David et Zoé répondent. Ma sœur répond. Mes frères répondent.

145. **je**, **il**, **elle**, **on** te donne ■ **ils**, **elles** lavaient ■ **vous** ne travaillez plus ■ **je**, **tu** ne finis pas ■ **nous** ne mélangeons pas.

149. ma mère est revenue, les filles sont revenues, les gens sont revenus, ma sœur était revenue, l'inspecteur est revenu.

150. une chienne a été perdu**e**, les tiges sont coupé**es**, une villa sera loué**e**, les devoirs sont fini**s**, les vitres seront lavé**es**.

154. Ils ont joué. Ils sont venu**s**. Vous avez joué. Nous avons joué. Elle est venu**e**.

156. **Ces outils** sont utile**s**. **Cette vitrine** est bien décoré**e**. C'est **le trésor** qu'elle a trouvé. **La banque** est fermé**e**. **Les filles** se sont lavé**es**.

158. arriv**er**, rest**er**, ouvr**ir**, voul**oir**, parl**er**, atten**dre**, march**er**, part**ir**, ren**dre**, sav**oir**.

161. Elle arrive. → Julie ■ Elles arrivent. → Julie et Nina ■ Il arrive. → Paul ■ Ils arrivent. → Julie et Paul / Tom et Léo ■ Il entre. → Papa ■ Elle entre. → Maman ■ Ils entrent. → Maman et Papa / Louis et Nadia ■ Elles entrent. → mes sœurs.

163. on a visité → passé ■ nous recevrons → futur ■ j'irai → futur ■ nous sommes allés → passé ■ je suis → présent ■ papa a lavé → passé ■ il promène → présent ■ je serai → futur ■ je me baignais → passé. ■ j'aime → présent.

165. Il **a** un frère. Nous **sommes** contents. Nous **avons** le temps. Ils **ont** huit ans. Je **suis** curieux. Elle **est** amusante. Tu **as** des billes. J'**ai** un piano. Vous **êtes** à la gare. Tu **es** fort.

168. je dis, nous disons, je prends, nous prenons, je veux, nous voulons, je finis, nous finissons, je fais, nous faisons.

170. je **vais**, le joueur **donne**, ces touristes **viennent**, nous **apprenons**, vous **pouvez**, je **reviens**, tu **dis** ce que tu **veux**, ils **vont**, elles **comprennent**.

173. **ils**, **elles** approchent ■ **tu** sonnes ■ **nous** passons ■ **ils**, **elles** s'amusent ■ **il**, **elle**, **on** se sauve ■ **vous** dessinez.

176. **vous** partez ■ **ils**, **elles** dorment ■ **il**, **elle**, **on** vit ■ **je**, **tu** sais ■ **nous** conduisons ■ **vous** écrivez.

179. **il**, **elle**, **on** descend ■ **vous** répondez ■ **je**, **tu** vends ■ **ils**, **elles** prennent ■ **j'**, **tu** apprends.

182. *verbes en -er* : jouer, apporter, laisser ■ *verbes en -ir, -oir, -re* : lire, voir, rire, rougir ■ *verbes en -dre* : attendre, reprendre, vendre.

185. je lui donn**ais**, je pouv**ais**, j'all**ais**, je pren**ais**, j'av**ais**.

188. je sonn**ais**, il sonn**ait** ; je travers**ais**, nous travers**ions** ; tu reven**ais**, vous reven**iez** ; il construis**ait**, elles construis**aient** ; on perd**ait**, ils perd**aient**.

191. je chang**eais**, il chang**eait** ; tu ber**çais**, elle ber**çait** ; nous rang**ions**, ils rang**eaient** ; on rempla**çait**, vous remplac**iez** ; je voyag**eais**, elles voyag**eaient**.

193. je fini**rai**, je donne**rai**, je fe**rai**, j'i**rai**, je prend**rai**.

196. on di**ra**, ils di**ront** ; je suiv**rai**, tu suiv**ras** ; tu li**ras**, vous li**rez** ; nous recev**rons**, elles recev**ront** ; il condui**ra**, je condui**rai**.

199. elle parl**era**, elles parl**eront** ; je tourn**erai**, on tourn**era** ; je coup**erai**, ils coup**eront** ; nous march**erons**, vous march**erez** ; tu cri**eras**, il cri**era**.

201. j'ai donné, j'ai pu, j'ai pris, je suis allé(e), j'ai eu.

204. elle a lu, nous lui avons demandé, j'ai pensé, tu as réussi, il est devenu.

206. tordre → tordu ■ lire → lu ■ perdre → perdu ■ courir → couru ■ vouloir → voulu.

207. j'ai dîn**é**, il est sort**i**, il s'est dirig**é**, tu as saut**é**, nous avons aperç**u**, il s'est endorm**i**, elle a arrêt**é**, nous avons cour**u**, on a jet**é**, je t'ai répond**u**.

211. une chose *qui est* mi**se**, une lettre *qui est* écri**te**, une leçon *qui est* appri**se**, une voiture *qui est* condui**te**, une chose *qui est* promi**se**.

214. nous voulons démont**er** ■ Papa sait répar**er** ■ il est tomb**é** ■ elle va le soign**er** ■ tu aimes dessin**er** ■ il a regard**é** ■ j'ai lav**é** ■ il faut écout**er** ■ on a visit**é** ■ je suis rentr**é**.

215. elle a reculé ■ il faut recul**er** ■ j'avais recul**é** ■ tu peux recul**er** ■ elle a jou**é** ■ il veut jou**er** ■ je vais jou**er** ■ il faut plong**er** ■ ils ont plong**é** ■ on vient de plong**er**.

220. donn**e** le départ, fai**s** vite, fini**s** tes devoirs, soi**s** poli, vien**s** à la maison.

223. Jou**e** vite ! Jou**ons** encore ! Sui**s** la route. Suiv**ons** la carte. Sor**s** d'ici ! Sort**ons** en courant ! Tourn**e** la tête. Tourn**ons**-lui le dos. Dessin**e** un loup. Dessin**ons** un rat vert.

225. Je chant**ais**. Elle chant**ait**. Ils chant**aient**. Elles ont chant**é**. Tu as chant**é**. Il a jou**é**. Tu jou**ais**. On jou**ait**. Ils avaient jou**é**. Elles jou**aient**.

227. on a dessin**é**, on dessin**ait**, ils ne bavard**aient** pas, ils ont bavard**é**, elles ont march**é**, elles march**aient**, ils copi**aient**, ils ont copi**é**, le chat a léch**é**, le chat léch**ait**.

Fiches de révision

Chaque réponse juste vaut un point.

Fiche 1, page 108

1. tout conten**t**, Paul po**s**e, les assiettes sal**es**, y lai**ss**er, la plus peti**te**, la vaisselle **est**, les assiettes **sont** propr**es** et luisant**es**, tu **es**.
2. une or**e**ille, une bat**a**ille, une bout**e**ille, une corb**e**ille, on trav**a**ille.
3. **1.** loin ■ **2.** aile ■ **3.** idée ■ **4.** boue ■ **5.** gris.

Fiche 2, page 109

4. les vip**è**res, on l'int**e**rroge, il répon**d**, on voi**t**, on di**t**, la vilaine b**ê**te, quand **on** en rencontre, elle ne mor**d** pas, **on** dirait, le joli s**e**rpent.
5. fleur, grand, chaud, dessin, long.
6. *Dans l'ordre après* requi**n** et **nom** : **mai** – **i**nstrumen**t** – **t**ablea**u** – **u**nit**é** – **é**pingle.

Fiche 5, page 112

13. le lait **est**, **on** le boit, de l'eau **et** du sel, qu'**on** mange, une vache a mi**s**, est épai**s**, il est cui**t**, délicieu**x**, plus lég**er**, **est** pour le veau.
14. **1.** vingt **l**itres ■ **2.** le gros **l**ot ■ **3.** le tour du **l**ac ■ **4.** le **l**inge ■ **5.** une **l**ouche.
15. *Dans l'ordre après* hive**r** : **r**aisi**n** – **n**ui**t** – **t**imbr**e** – **e**a**u** – **u**tilité.

Fiche 8, page 115

22. il cri**e**, il hurl**e**, il rugi**t**, il ne parvien**t** pas, les animaux se sauv**ent**, heureus**ement**, un rat pass**e**, se met à rong**er**, pour délivr**er**, est libér**é**.
23. **1.** la **r**eine ■ **2.** d'un joli **r**oux ■ **3.** les ma**r**ins ■ **4.** les **r**oues ■ **5.** **r**oulait.
24. métier, lécher, merci, cuivre, trompe.

Table des matières

Références des extraits.

Deux passages sont extraits de la collection jeunesse *Ratus Poche.*
Exercice 25, p. 116. J. et J. Guion, *Ratus à la ferme.*
Dictée 7, p. 119. D'après E. Reberg, *Un voleur à l'école.*

Achevé d'imprimer en Italie par Rotolito Lombarda spa
Dépôt legal n° 104472 Novembre 2008